© Panida Iemsirinoppakul, 2015
Simplified Chinese language translation rights
arranged through Chengdu Tongzhou Culture Communication Co., Ltd.
版贸核渝字(2014)第 213 号

图书在版编目(CIP)数据

可爱首尔小旅行 /(泰)娃娃著;璟玫译. —重庆:重庆出版社,2015.9
书名原文:Korea Guggig Guide
ISBN 978-7-229-09836-0

Ⅰ.①可… Ⅱ.①娃… ②璟… Ⅲ.①旅游指南—首尔
Ⅳ.①K931.269

中国版本图书馆 CIP 数据核字(2015)第 100440 号

可爱首尔小旅行
KE'AI SHOU'ER XIAOLÜXING
[泰]娃娃 著 璟玫 译

出 版 人:罗小卫
责任编辑:钟丽娟
责任校对:何建云
插　　图:[泰]妮塔·齐娜莱
装帧设计:重庆出版集团艺术设计有限公司·刘沂鑫

重庆出版集团 出版
重庆出版社
重庆市南岸区南滨路 162 号 1 幢　邮政编码:400061　http://www.cqph.com
重庆出版集团艺术设计有限公司制版
自贡兴华印务有限公司印刷
重庆出版集团图书发行有限公司发行
E-MAIL:fxchu@cqph.com　邮购电话:023-61520646
全国新华书店经销

开本:787 mm×1 230mm　1/32　印张:7　字数:100 千
2015 年 9 月第 1 版　2015 年 9 月第 1 次印刷
ISBN 978-7-229-09836-0
定价:33.00 元

如有印装质量问题,请向本集团图书发行有限公司调换:023-61520678

版权所有　侵权必究

推荐序一

　　小旅行导游这次要带大家畅游韩国，一个令全世界惊叹的美丽国度。近几年来，韩国的饮食、流行娱乐和文化产业来势汹汹，几乎要打败曾是文化输出冠军国的美国和日本，争夺冠军宝座的较劲意味浓厚，而韩国人对此可是信心十足。

韩国究竟有什么好？

　　一般人也许不会这么问，但我，这个跟不上流行、从没看过任何韩剧的人，还是忍不住问了这个问题，而我身边的朋友往往说得天花乱坠，兴奋地向我讲述韩国电影与偶像剧，那口沫横飞的模样，完全不同于对某些国家的某些类型肥皂剧的典型观感。

　　如今韩国男子团体歌手的"粉丝"尖叫声，比我印象中日本偶像的"粉丝"尖叫声还要更大声。

韩国一定有什么好，就算还没有亲自调查做功课，但我绝对相信这点，毕竟呈现眼前的证据实在非常多啊！

　　好吧，对于不是韩国"粉丝"的您，也许只是不小心拿起了这本可爱的小旅行手册，不小心读到了这一段序文，但是让我们再给韩国一个解释的机会，看看它到底有什么好，其实也不是它自己解释的啦，而是有个人自愿代替它向大家说明，这个人就是A Book 和A Day 的姊妹杂志 Knock Knock! Knock! Book 小旅行手册系列的主人翁潘妮达（娃娃），她也是畅销书《可爱东京小旅行》的作者喔！

　　这一次，潘妮达（娃娃）依然非常优秀地执行了可爱女导游的任务，带我们去探索韩国各个吸引人的可爱角落，就连我这个满脸胡楂的大男人看了，也忍不住会心一笑。

　　还有出现在美美的照片中、活灵活现的可爱手绘人物，全都出自妮塔（译注：《不说话，只画画！》的作者）的巧笔，似乎已经是"小旅行"系列的常客，变成注册标志了。

　　那么，现在有请读者跟着这本《可爱首尔小旅行》一起上路吧！

Polkadot 出版社　总编辑
普在·布恩辛素

推荐序二
一个人的小旅行,真好

每次我听到有人准备"一个人旅行",都会感到非常惊讶:"好厉害!一个人也可以出国旅行。"之所以感到惊讶,也许不是因为欣赏对方拥有面对寂寞的能力,而是因为佩服对方知道一个人要怎么旅行、可以去哪些景点、如何寻找吃的住的地方。现在自助旅行的信息相当发达,一个人旅行其实并不难,只要有一本旅游手册就可以了。

然而,就是这些旅游手册,让旅行社业者开始坐立难安,因为他们的客人有从跟着导游趴趴走,转变成跟着旅游手册趴趴走的趋势。

旅游手册其实和导游没什么不同,一样拥有各自的风格、生命、喜好、吸引人的特色,还有各自的品味,如果有一本旅游手册和你志趣相投,那么你将拥有一趟快乐的旅程,反之,这趟旅行也许就会乏味无趣。

当有越来越多人选择不依赖旅行团的行程出国,

因此，被送进各大小书局的旅游书也就越来越多。过去出版的旅游书比较大众化、适合各种喜好的旅客，现在更出现类型式的专门旅游书，也就是说，读者有更多机会遇到真正适合自己的旅游书。记得三年前我到韩国旅行，书架上陈列的韩国旅游书只有两三本而已，而且内容都差不多，现在则是琳琅满目，符合各种旅游需求。

撰写一本优质的旅游书其实不容易，因为作者必须善于寻找、好奇、喜欢比较，并且喜欢尝试新鲜事物。如果书的内容能来自作者的亲身体验，那就再好不过了，因为若只是撷取自网络信息或游客中心的资料，自己上网就可以找到了。

旅游书应该要来自真实的经验和真诚的心意，这样的旅游书才有灵魂，才能当旅人的朋友，翔实地向朋友介绍该怎么玩最有趣、最实际，我喜欢这样的旅游书，毕竟连我们自己都没去过的地方，怎么可以介绍别人去玩呢？

读完潘妮达（娃娃）的《可爱首尔小旅行》后，就想起自己当年去韩国旅行时，许多书里介绍的路道、地区和店家，我也曾去过，但没有像潘妮达（娃娃）这样，每一家店都推开门深入造访。为什么她可以搜集到这么多细节？许多地区、店家，以及她提到的许多资料，并不曾在其他旅游书出现过，全都是她（认真）亲自去过的经验谈。

我偷偷问过潘妮达（娃娃），她介绍的每一家店，是不是真的都亲自去过，她大声回答，是真的去过，推荐的美食也是自己吃过的。潘妮达告诉我，她去过韩国这么多次，造访的地方比书里写得多太多了，但是只有真的很赞、很值得推荐的店家她才会写进书里。

潘妮达（娃娃）是个可爱、有品味、友善的人，她的旅游书也是如此。

相信很多人想前往韩国一探究竟，同时也享受一趟轻松的旅行，现在，实现这个愿望一点都不难。

只要有一本《可爱首尔小旅行》就可以上路了。

A DAY 杂志 编辑

松格洛德

作者序　心中的"轻"声音

从小，无论距离远近，不管是暂时、过夜或仅仅数小时，我都离不开父亲、母亲、哥哥、姐姐或朋友们的陪伴，不知道从什么时候开始出现想一个人旅行的念头，就好像听见内心有个声音正在问我：如果有个机会可以单独旅行，会是什么样子呢？是不是能够独立照顾自己呢？会不会迷路找不到原来的地方呢？还有许许多多想象的情景，等到回神过来时，手上已经多了一张韩国的来回机票了。

选择前往韩国的理由很单纯，只是离泰国近、不用签证（译注：泰国护照去韩国免签证），而且有朋友在那里（最后这个理由占的比例非常重，后来每当想一个人去哪里旅行时，这个理由都被列为首要考虑的条件）。当我提出这三个优点之后，也到了该出发的时间了。

我记得出发当天就在机场被亲友警告，一个女生要入境韩国是很容易被遣返的,因为去韩国不需要签证,能不能入境全在于自己能不能让海关信任你,让你过关入境。除了第一次一个人旅行让我紧张得要死之外,之后又陆续发生许多让我紧张不断的事,但是原本害怕的事情,却比想象中简单多了,待回神过来的时候,发现自己已经身在韩国,正对眼前的新鲜事物兴奋不已。

　　自从那一天的第一次韩国旅行之后,接着又再度造访许多次,我看见韩国不断地改变,增添了许多新鲜元素,每一次到访,都让人很想知道这次它又会秀出什么样的新景点,而这一切都收录在这本小小的旅游书中,记录我的亲身体验和造访的路线、店家、街道、景点,有时候曾经到过那里,但还想再回去,想和朋友一起钻进首尔的大街小巷冒险。希望《可爱首尔小旅行》可以亲密地和你一起搭肩、牵手、搂腰,在韩国街道上并肩游逛,度过一趟开心的旅程。

　　曾有人说过,当你有足够的时间和自己相处,就会听见"心里的声音"正在对你说话,那个声音只有自己听得见,试着停下来仔细听听,说不定,它正在对你说:"到了该一个人旅行的时候了喔。"

可爱时尚达人 娃娃

CONTENTS 目录

推荐序一 /001
推荐序二 一个人的小旅行，真好 /003
作者序 心中的"轻"声音 /006

ARE You Ready?
Go! 前进韩国 /019

N首尔塔看世界
N首尔塔 N Seoul Tower /023

INSA-DONG 仁寺洞·艺术街
仁寺洞 INSA-DONG /032
Gana Art Space 艺廊 /033
Artside 艺廊 /035
Ssamziegil 人人商场 /035
Luielle 帽子博物馆 /037
SSBA 怪怪涂鸦的生活文具用品 /039
Between Pages Book Café /040
Ssamzie Market 潮服商场 /041

"衣"系列

血拼天堂：就决定是你了，首尔！/046

DONGDAEMUN 东大门·不夜城

东大门 DONGDAEMUN /050
东大门设计广场&公园 /055

APGUJEONG 狎鸥亭·橱窗展示的冒险之旅

狎鸥亭 APGUJEONG /060
Galleria 百货商场（Galleria Department Store）/061
Rodeo 街（Rodeo Street）/065
Check & Stripe 909 · Millimeter Milligram /065
t.ode 欧风家居家饰 /065
Galliano 品牌专卖店 /066

清潭洞 CHEONGDAM-DONG /067
10 Corso Como 复合式文创商店 /067
Boon The Shop 韩国混搭品牌商场 /069

新沙洞 SINSA-DONG /071
Ann Demeulemeester 安·德穆鲁梅斯特 /071
Slow Food 意式美食餐厅 /073
Wave 设计款精品眼镜店 /073

HONGIK UNIVERSITY 弘益大学，不只有艺术

弘益大学 HONGIK UNIVERSITY /076
I think so 环保文具用品店 /078
Seogyoro 西桥路 /082
The Bling, 365 hall, The Bling#2 /083
1300k 设计礼品店 /083
Obokgil 咖啡小巷 /083
Cacaoboom 手工巧克力专卖店 /085
Market m* 古典家饰精品 /085
Coffee Prince 咖啡王子 /089

MYEONG-DONG 明洞·青春大本营

明洞：韩版潮服一级战区 /094
Lotte Young Plaza 乐天青春百货 /099
Kosney 生活风格商店 /100

Aland /103
Soul Company Store /105
Cottiny /107

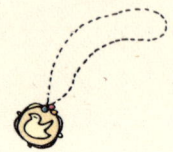

高跟鞋&韩国美女

就是要有女人味 /110

CHEONGGYECHEON STREAM 波光闪闪·清溪川

连系着首尔的缎带 /115
清溪广场 Cheonggye Plaza /116
广藏市场 Kwang Jang Market /118
复古风二手市集 /122
东大门购物百货 Dongdaemun Shopping Complex /123

DIRECT SALE 这样也能卖？

有时候，喧扰吵闹也是一种魅力 /127

BE WARNING! 到韩国要注意！

注意！小心撞人与被人撞 /131

注意！小心餐具掉落发出噪音 /132
注意！搭白色计程车，心脏要够强 /133

MILLIMETER/MILLIGRAM 韩国文具超可爱！

MMMG 发表于 1999 年的韩国文具品牌 /137

早晨的最爱・MMMG Café 热可可

MMMG café /144

爱你，爱我

CAROUSEL 旋转木马

Lotte World 乐天世界 /157
Everland 爱宝乐园 /159

坡州出版城 & HEYRI 艺术村

坡州出版城 Paju Book City /165
HEYRI 艺术村 Heyri Art Valley /167
Kyobo Book 教保文库 /172

FOOD! 韩国美食！

地道韩国美味 /176
超赞的韩国小吃 /177
热乎乎的最好吃 /178

SPRING COME, RAIN FALL&autumn in my heart
春风去秋雨来 秋日童话

0-Check Design Graphic 环保文具店 /183
Cupcake Café Mayjune /185
Venus Kitchen /185
Café 1010 旅行主题咖啡馆 /187
弘大学生的画布 /189
Romiwa Vintage 复古服饰专卖店 /190

SAMCHEONG-DONG 三清洞・游皇宫・喝茶

景福宫 Gyeongbokgung /194
三清洞 /196
咖啡厅与餐厅 /197
Toykino Gallery 电影主题艺廊 /199

GAROSUGIL 当欧洲与美洲在首尔相遇

新沙洞 /204
Coffeesmith 人气咖啡馆 /205
Bookbinders Design 瑞典文具品牌 /206
Thimbloom 手工家饰精品 /207

KOREA 4天3夜，首尔这样玩

Day 1 景福宫—三清洞—仁寺洞—明洞 /210
Day 2 坡州—清溪川—东大门 /211
Day 3 江南—狎鸥亭—Garosugil /212
Day 4 首尔塔—弘益—信川—梨花 /213

首尔旅游交通资讯看这里

ARE YOU READY?

耶！准备好啦！

GO！前进韩国

已经准备好要去韩国玩了吗？如果还没准备好的话，不用担心，韩国拥有一套很棒的旅游信息系统，你可以到位于 Esplanard 百货公司（译注：位于曼谷市中心的百货公司）内的韩国旅游咨询中心（Korea Plaza），索取韩国旅游局印发的多国语言版旅游指南，或者到 www.kto.or.th 网站搜寻。

但我建议试着利用 http://english.visitkorea.or.kr 网站内的一个页面 Travel Planner，可以简单规划韩国旅行的行程，点进去之后会看到让你可以自己设计行程的程序，只要输入有兴趣的内容，无论是想来一趟文化之旅、血拼购物之旅或者节庆旅行等等，都可以轻松规划，也有更详细的地区分类可以选择，最后还有目的地周围的好去处介绍，餐厅、住宿、PUB、酒吧等等，每个店家都提供详细的资料，完成之后还可以把行程规划表打印出来，方便随身携带。

我在寻找资料和规划行程的时候，就开始觉得自己的旅程一定很好玩，仿佛已经踏上期待已久的国度，眼前已经看见一些画面，手上也有初步的资料，等到真的站在那些地方时，更加确定自己先前准备的资料，一点都不输给专业旅行社。

N 首尔塔看世界

N 首尔塔 N Seoul Tower

　　N 首尔塔（N Seoul Tower）高四百七十九米，是韩国著名的地标之一，高度仅次于位于加拿大多伦多的西恩塔（CN Tower）。

　　N 首尔塔是吸引观光客的景点之一，位于南山（Namsan），入口在南山公园（Namsan Park）。很多韩剧在此取景，更为这座塔增添不少人气，我注意到很多观光客到此旅游时，对于这里有拍过哪些韩剧、演过哪些剧情都如数家珍，我自己也会，就是会忍不住想让自己有参与感吧，可见韩剧果然是促进韩国观光最好的媒介。

N SEOUL TOWER

320m.
Eiffel
Tower
France
320 m
埃菲尔铁塔
法国
479m.
N SEOUL
Korea
479 m
N 首尔塔
韩国
333m.
Tokyo
Japan
333 m
东京铁塔
日本

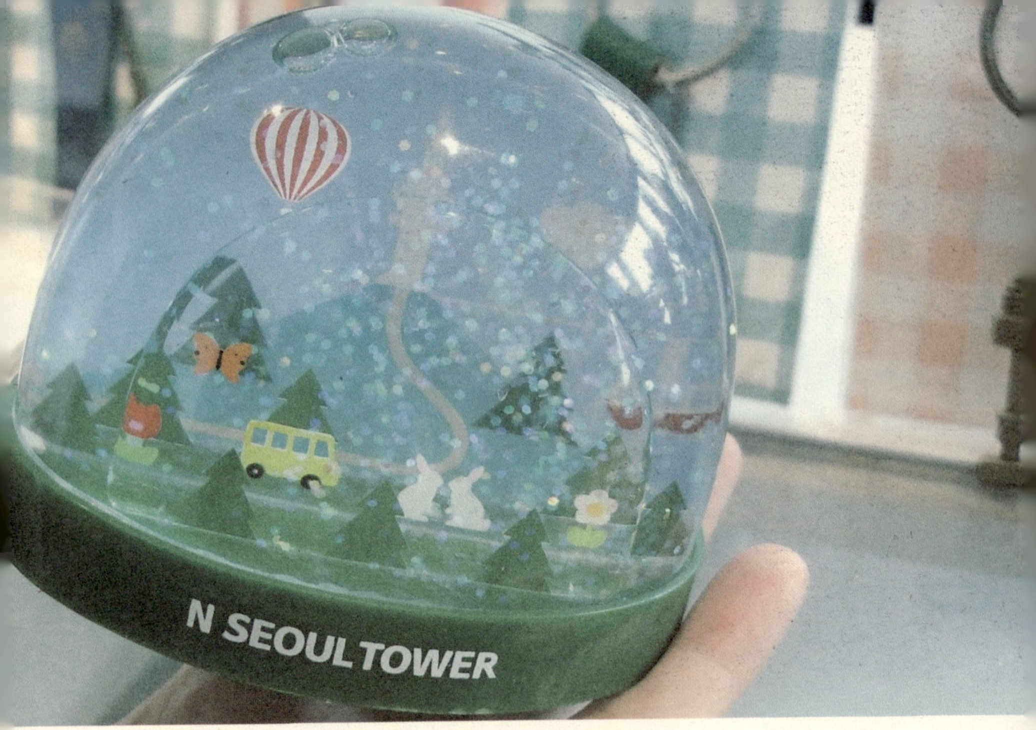

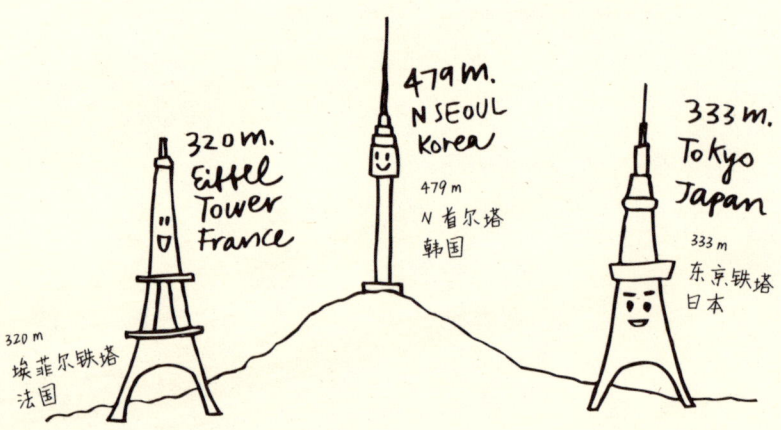

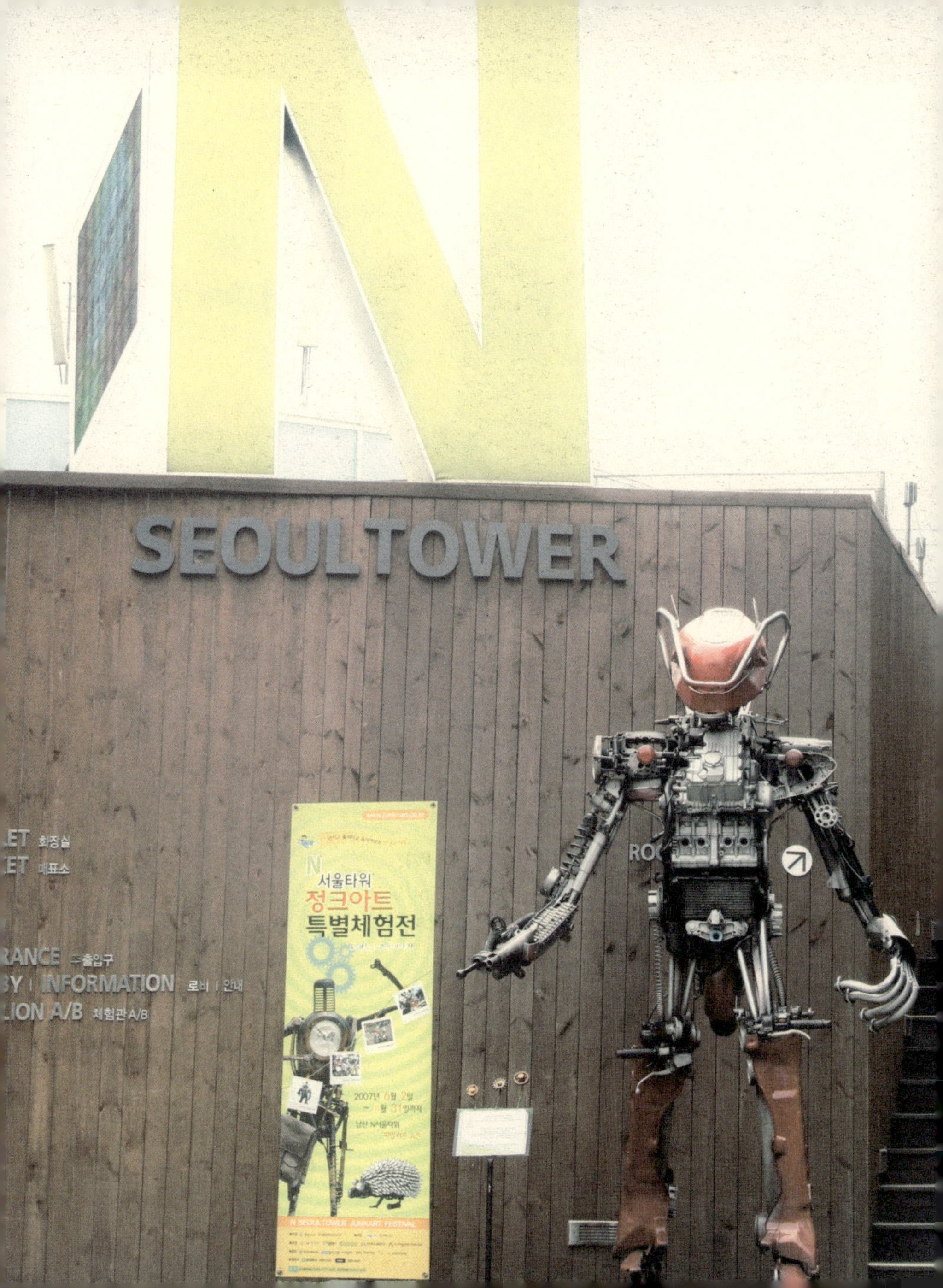
SEOULTOWER
LET 화장실
KET 매표소
RANCE 주출입구
BY | INFORMATION 로비 | 안내
LION A/B 체험관A/B
N 서울타워
정크아트
특별체험전
N SEOUL TOWER JUNKART FESTIVAL

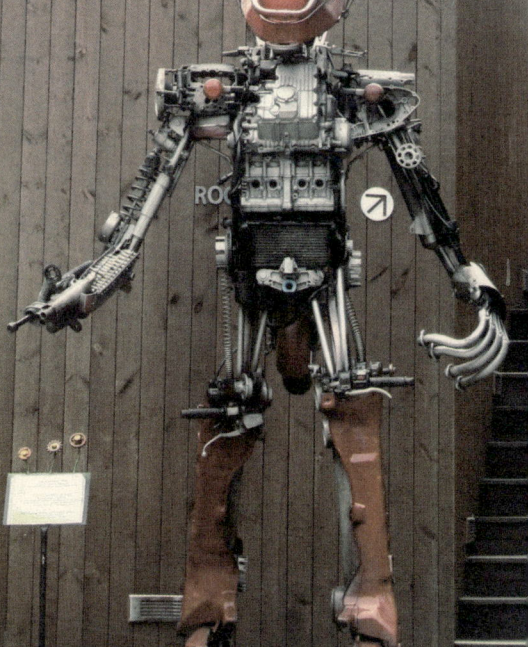

　　去N首尔塔有两个方法,一是靠两条腿,二是搭缆车。搭乘缆车的话就要花一点钱,但可以沿路俯瞰韩国风景。上到观景台,早上可以看到特别的风景,晚上也会欣赏到不同的气氛。

　　两种我都试过了,我个人比较喜欢早上的感觉,空气非常清爽,尤其是春天的时候,呼吸的空气清新得不得了。而晚上看见夜景,可以观赏五彩缤纷的万家灯火,掺杂一点点的寂寞氛围,但无论什么时候上去,人潮都非常多,有一次还排队排了一个多小时,果真是热门观光景点。

　　韩国人自己也很喜欢来这里,上来看看风景、拍拍照,如果是白天,参加户外教学的学生多过一般游客。若想上塔顶去必须另外

付费搭电梯,塔的顶层就和一般铁塔一样,有可以让观光客拍照的景点,玻璃上贴着各国国名与高度数字。

还记得一个人来的时候,透过清澈的玻璃遥望远方,寂寞的气氛令人忍不住流泪,光是这样的高度与无垠天空的宽度,就足以让我们的想象力飘到遥远的彼方……

参观完N省尔塔之后，不妨到Sweet Tree 尝试一下复合式意大利美食，一边吃PIZZA 或意大利面，一边眺望美景，可以让食物更加美味喔！

到N首尔塔之前,你会看到一个巨型的金刚大魔神(Great Mazinga)站在首尔动画历史博物馆与动漫中心(Seoul Cartoon Museum and Animation Center)前欢迎你,先进去里面看看也很有趣的,可以回味一下童年时光,里面除了有许多动漫角色的模型,还收藏了很多韩国动漫产业的相关记录。

INSA-DONG
仁寺洞·艺术街

仁寺洞 INSA-DONG

　　要在韩国寻访小画廊或大小博物馆一点都不难,尤其是在仁寺洞 Insadonggil 这样的文化保护区,沿路两旁到处都是古老的楼房,同时穿插着当代艺术展览,呈现出新旧文化的完美融合。还有传统的美术工具商店,贩卖米纸、水彩笔、颜料与帆布画框等等,充满了熟悉的怀旧气味,无论是颜料还是木框的味道,都令喜爱这种传统文具店味道的人回味无穷。如果你想尝试当个实习美术家的话,到仁寺洞寻购相关工具准没错,或者沿街品尝零食甜点,也是一种漫步仁寺洞的魅力所在。

Gana Art Space 艺廊

地址：188 Kwanhoon-Dong, Jongno-Gu, Seoul, Korea

  这是一间展示韩国与来自各国艺术家的现代艺术作品的艺廊，位于仁寺洞，外观看起来只是栋普通的商业大楼，但 Gana Art Space 其实是建立自一九八三年，正是韩国当代艺术发展初期的时代。而后期新建的大艺廊则位于平仓洞（Pyeongchang-dong），你可以在仁寺美术中心（Insa Art Center）搭乘接驳车，除了每周一休息外，每日 11:30、14:00 与 15:00 都提供接驳服务，搭乘费用一人一千韩元，还可以顺便观光街景。到那里时别忘了去一趟 Gana Art Shop，这里贩售齐全的各式美术工具，是艺术家与画家不可错过的宝库。

ssamziegil

Artside 艺廊

地址：170 Gwanhundong, Jongno-gu, Seoul, 110300

不定期展示亚洲艺术家的作品，特别是来自中国的知名艺术作品，算是来到仁寺洞值得造访的艺廊之一。

Artside 隔壁大厦的二楼，有一间展示着可爱小玩具、玩偶，以及从小时候到现在各年代的卡通模型等等的艺廊，店内充满了怀旧玩具，可以一边参观一边回忆童年的乐趣，参观门票一人一千韩元。

Ssamziegil 人人商场

地址：38 Gwanhundong, Jongno-gu, Seoul

Creative Live Store 艺廊的三楼聚集了许多年轻创作者，提供空间让他们贩卖自己的手作艺品，看似与仁寺洞一带不搭调，却反而成了新当代风貌。是我来这一带最喜欢也玩得最开心的地方。

这一带的店家分成数间小店面，贩卖各式可爱的商品，令人目不暇接，怎么逛都逛不腻。在 Ssamzie 一带最特别的东西就是饰品，每一家都有自己的创意、主题与特色，每一层楼的走道上，沿路都会有小摊子让你不停下脚步也难。

　　之所以会有特别多家饰品店，是因为在成为现在的 Creative Live Store 以前，这里的老板就是靠饰品起家的，因为成立自己的品牌"Ssamzie"广受欢迎，后来才拓展为 Creative Live Store，希望能为来这里的人启发灵感，一起支持创意商品的延续与发展，并且拥有销售的渠道。

　　在 Ssamzie 除了有很多店家之外，还会有不同的展览轮流举办，大部分的展览不单只是拿作品来展示而已，还会搭配场地设计适当的主题艺术，广邀各地艺术家一起来创作与设计，为 Creative Live Store 装点出百变面貌，保持生命力。

> Ssamzie 的店家会一直轮流换位置，而且不断有新的店家进驻，也有些原本在走廊上摆摊的店家升格变成店面，真的是逛再多次都不会腻，而人气店家也依旧全员到齐。

Luielle 帽子博物馆

· 位于 Ssamzie 一楼

这家店只卖帽子，是一家名扬国际设计界的帽子名店喔！虽然店面小小的，却充满了各种款式的帽子，进到这里就好像在参观帽子的艺术历史博览会。店里展示了各时代的帽子，从古时候最流行的到现代化的帽子，应有尽有。

帽子设计团队由 Shirly Chun 女士所带领,她专门到法国进修帽子设计与制作,这家店的特色在于每一顶帽子的设计都别出心裁,包括所选用的材料也都非常有特色,令人好想——试戴,看哪一顶帽子会属于自己!

SSBA
怪怪涂鸦的生活文具用品
· 位于 Ssamzie 二楼

　　SSBA 算是受到创意、艺术上的支持，直到迈向市场成为知名品牌非常成功的例子之一。

　　SSBA 的设计者 Jang Yun-mi 是一位平面造型设计者，后来厌倦了上班生活，于是设计了一些表情机车、长得有点怪怪的角色，但角色的一些动作却令人忍不住会心一笑。起初是做日记本、记事本、便利贴等，从 Ssamzie 的小小角落开始起家，后来 Jang Yun-mi 带着她的涂鸦人物们，从画在中古车上到后来变成店面，逐渐吸引大众的注意。

短短两年的时间，SSBA 已经变成韩国大家看到都会记得的涂鸦角色，现在在 Ssamzie 的店面也变成了漂亮的店家店面，增添了很多商品供选购，除了文具外还有像是陶瓷、玻璃、花瓶、调味料罐等等可爱产品，目前已经有三家店面了，而且他们的机车表情等角色的周边商品，也可以在一般精品店与书店看得到。

Between Pages Book Café
·位于 Ssamzie 三楼

　　有没有人和我一样，如果一个人去吃饭或喝咖啡，会随身带一本书去看？或者去书店的时候站着看书太久，就会有一对来自店员的双眼盯着你，让你想赶紧离开"案发现场"？以上提及的两个问题，在 Between Pages Book Café 都是不存在的。

这里有一柜一柜的书籍与杂志让你轻松选读，也不用担心有人来赶，还可以点蛋糕或咖啡一边品尝。老板认为现在能够让人专心、适合阅读的地方很少，所以开了这家店，希望为想要享受阅读的人创造一个优质的环境。而这家店属于 Maya Media 公司旗下，该公司还创办了 Esquire、Harper's Bazaar 与韩国版的 Motor Trend 等杂志。

店里的气氛确实如介绍说的一样，悠闲的气氛非常适合阅读，从店内看出去，可以看到狭窄的走道，种了一些绿草与小花盆栽，任谁到了这里都会停下脚步来拍张照片。除了最近一期的杂志外，关于美食、甜品与旅游的书籍都提供给顾客任意选读。

Ssamzie Market 潮服商场

紧邻 Ssamziegil 的室内商场，新成立不久，事实上就是血拼服装和饰品的商场，因为之前 Ssamziegil 的重心不在贩卖服装，但既然要提供多样化的购物环境，于是有了 Ssamzie Market。陈列的服装风格大多是 Street Ware（译注：街头品牌服装）与 Vintage（译注：复古的经典服装），整个三楼都是专为年轻人精选的服饰品牌。

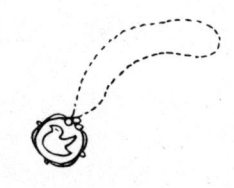

我会说英文喔！

怕在仁寺洞迷路吗？不用担心，小鸭牌子可以帮你，留意一下小鸭旅客资讯服务中心的牌子，可以提供旅客所需的各种协助，不管你想去哪里，都可以进去请他们帮忙指路，绝对不会迷路，因为里面有会说英文的志愿者，可以提供搜寻路线的电脑系统，还有全首尔所有商店的资料库喔！

仁寺洞怎么去？

- 地铁三号线（Subway Line 3）橘线，第328号站安国站（Anguk Station）第六号出口（此出口最接近 Insadonggil，转角有文具店、美术用品店和 Crown Bakery，找到之后就进那条街直直走）。
- 地铁一号线（Line 1）深蓝线，第131号站钟阁站（Jonggak Station）第三号出口。

好可爱的传单！

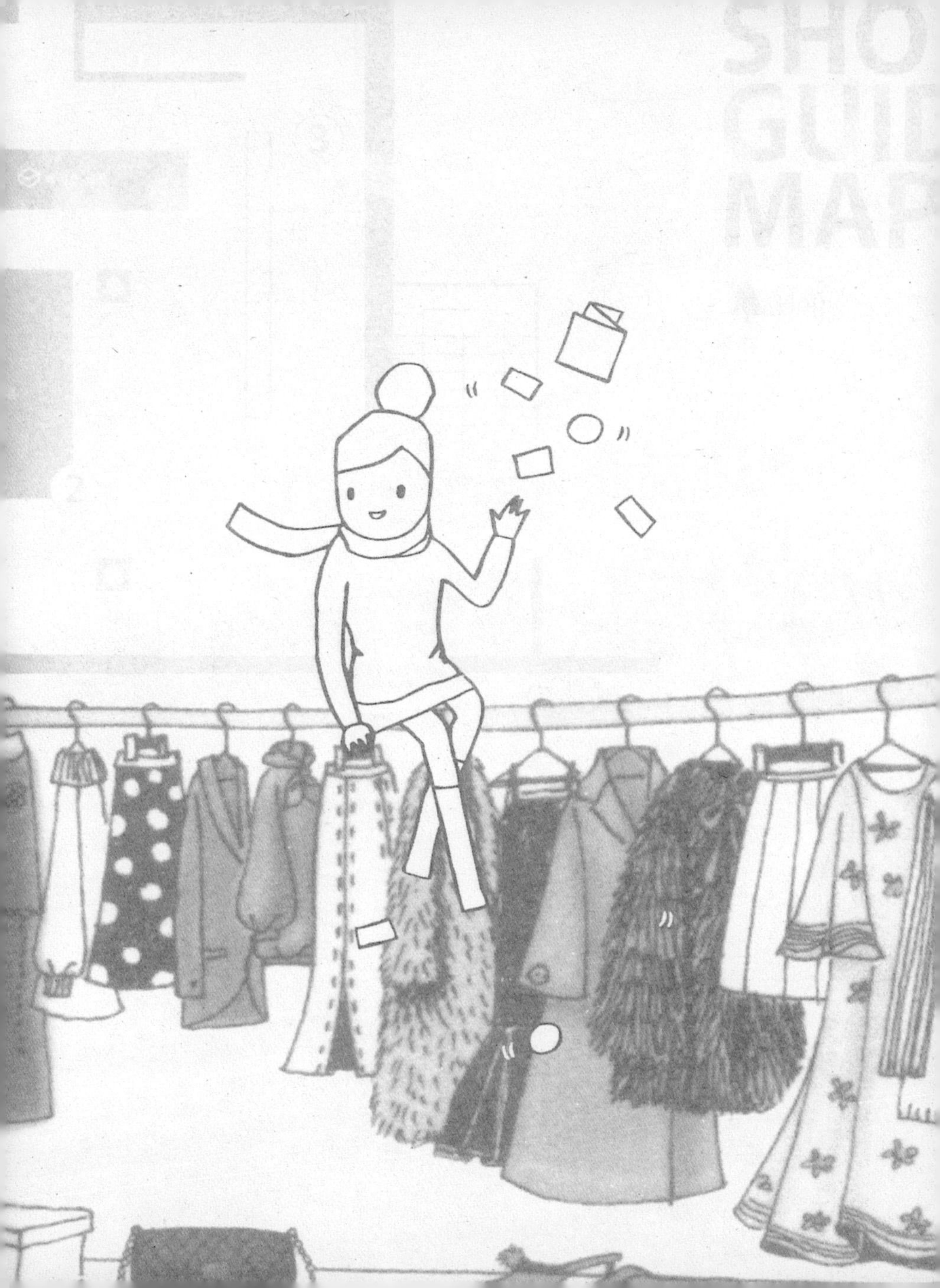

"衣"系列

50,000
5,000
500

血拼天堂：就决定是你了，首尔！

因位处绝佳的地理位置，让韩国的季节感四季分明，除了花开缤纷的春季、雨水飘落的夏季、全国一起落下橘色干叶的秋季以及雪花飘零的冬季以外，韩国吸引全世界旅客的另一个原因就是要血拼！

首尔是个可以让购物狂买得不亦乐乎的消费天堂，有各个购物地点让你选择，每个地方都各有自己的特色与顾客群，想逛街头品牌的，或买豪华样式的高档货都有，服饰也都依照季节变换，样式多、选择多，可以让人尽情挑选。

但是在杀到首尔血拼之前，有一点必须先了解：无论到哪里逛街，我发现整个首尔的服饰店所卖的衣服花色款式满相近的，大概是一次生产一整个系列的关系，使用同一种料子和花色，设计出数种款式，再由店家各自批货来卖，然后搭配成自己的风格、喜好或主题来展示与贩售（但不包括自己设计与手工制作的店家）。

这时候就要看自己的购物比价功力如何了，眼睛尖不尖？逛得够不够彻底？有时候会发现同一款衣服在高档次店家卖这个价钱，之后又发现它出现在另一个普通地段或店面，价钱却只有一半，或者像东大门（Dongdaemun）这样的三栋连在一起的购物商城，即使只隔几间店面，价格也会有差别。

　　在决定买一家店的商品之前，如果还有时间可以挑的话，先不要急着拿去结账喔！越是有计划地多去几个地方走走，就越容易买到便宜的东西，先看好之后再回来买还来得及，因为首尔的购物地段大部分都相距不远，地铁搭个几个站就到了，来回很方便，慢一点买却可以买到更便宜的价钱，也是血拼女王的小小战绩……你说是吧？

POST

DONGDAEMUN
东大门·不夜城

hello apM

东大门 DONGDAEMUN

  对去韩国旅行但时间不多的人来说，东大门会是最适合的好去处之一，因为不用赶在白天才能逛，但一不小心，却可能占掉你晚上不少睡眠的时间。

  这里是夜猫族的天堂，凌晨五点才关喔！而且早上九点就开始营业了，随时想来买衣服都可以，突然出现需要新行头的场合也不用怕，马上就可以来选购服装和配件等等。

  对于怎么逛都逛不累的女孩们，在别间百货公司关门休息之后，还可以到这里来继续血拼，充分利用旅行的宝贵时间，只不过需要大量的体力，还得先练好腿力才行，这三栋购物中心，平均逛完一栋至少都要两个小时才行。

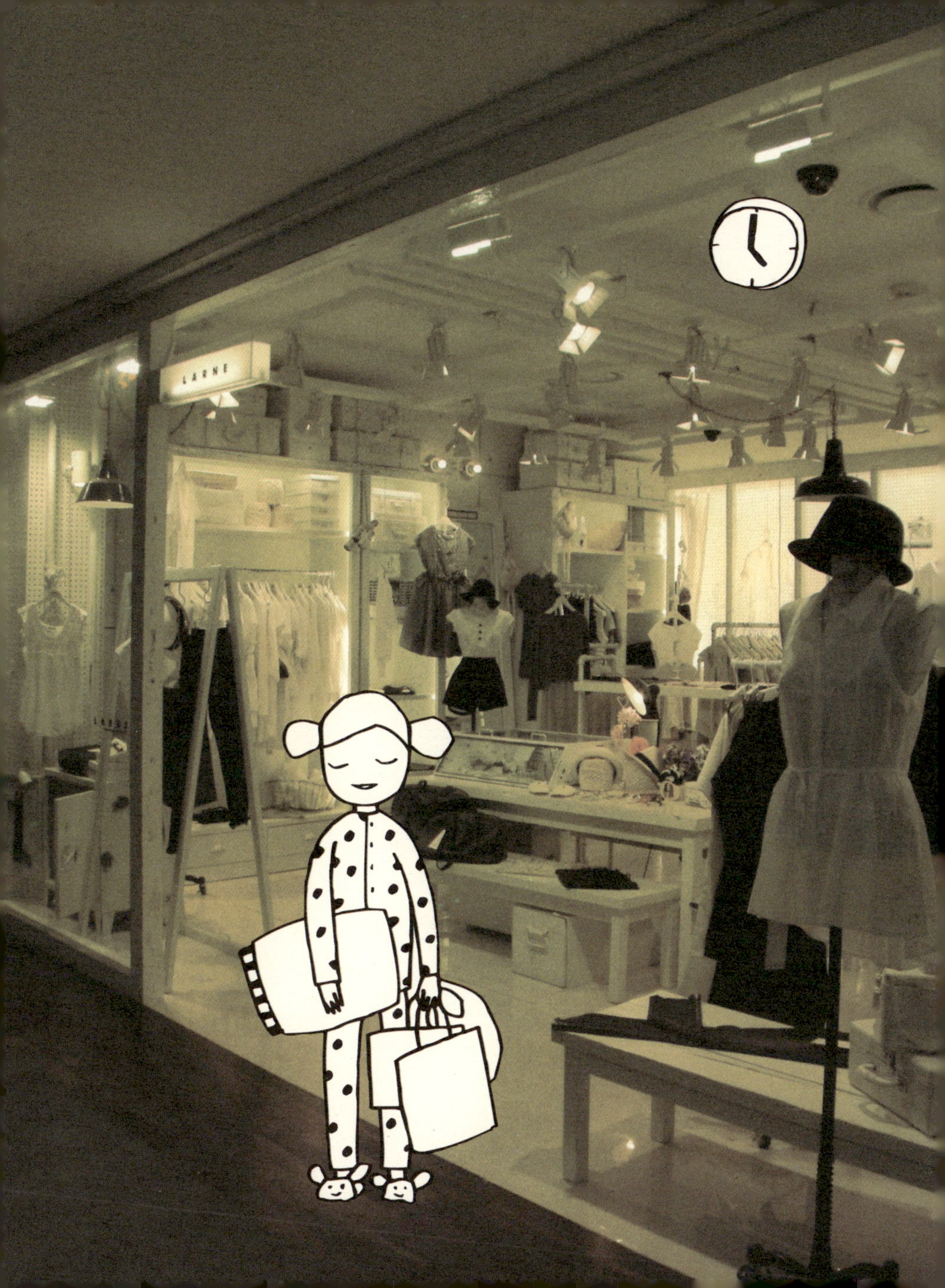
LARNE

你可以简单想象一下，一栋购物中心的大小大约是泰国Platinum（译注：位于曼谷市中心的服饰批发购物中心）的两倍大，相当于拥有八层楼的Platinum，每一层楼有五十间以上的店家，把三栋加起来，几乎就等于一个"东大门"。

　　第一栋hello apM的主要顾客群是年轻人，有部分店家是自己设计与制作，只有在这里才买得到的；八楼有新设Storage区，这一区的店家各有特色，有点街头品牌的风格，店面也装饰得别出心裁，逛起来很好玩又赏心悦目；购物中心本身也会在每一季推出促销活动，用年轻的模特儿来广告行销，吸引年轻顾客们甘愿掏出口袋里的钱包。

Migliore
밀리오레
Migliore
Open AM.10:30 Close AM.04:30
Closed every monday

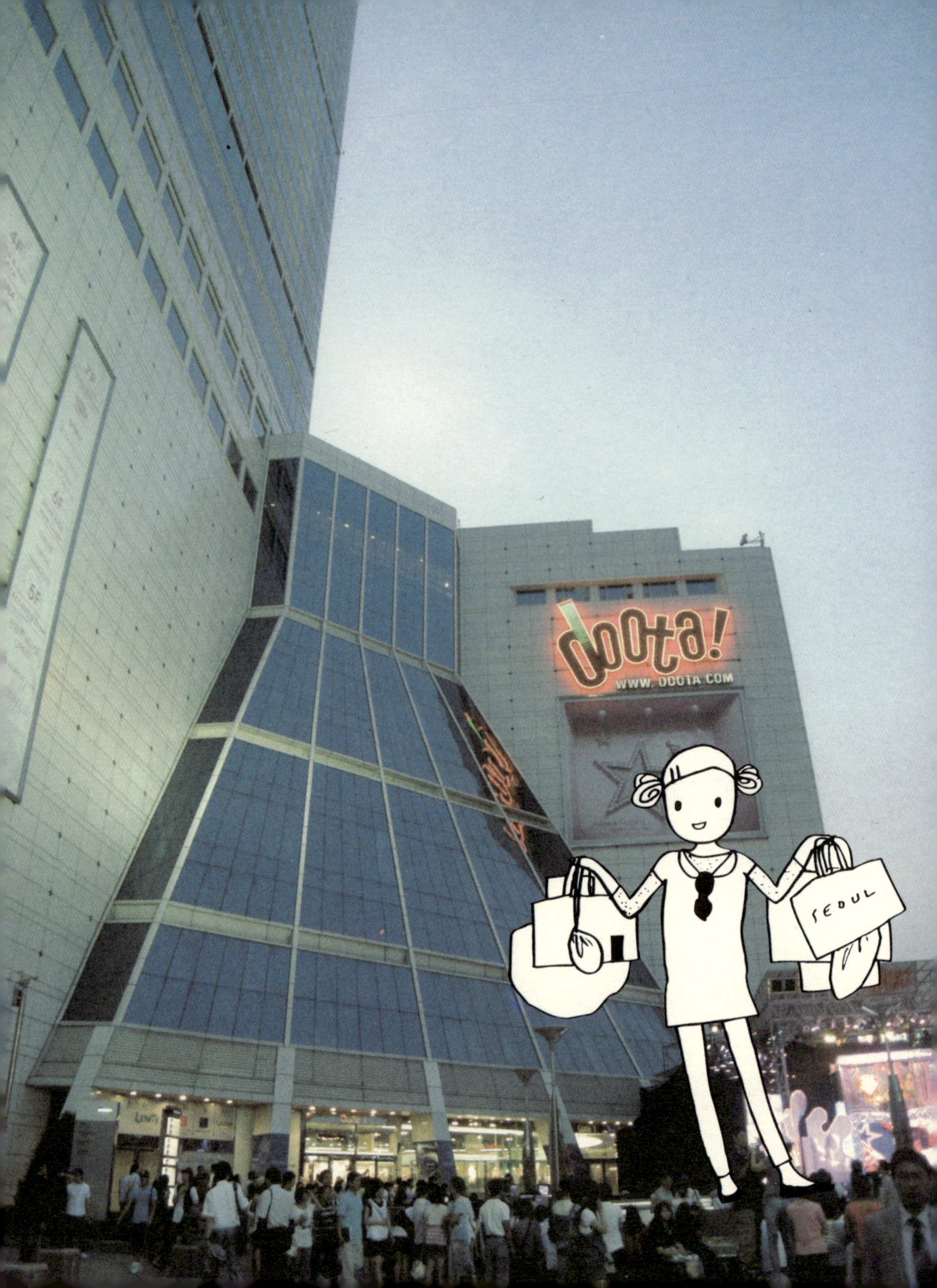

doota!
WWW. DOOTA.COM
SEOUL

接下来是 Mihliore，主要顾客群是上班族，有很多家店贩售甜美可人的上班套装，还有年轻妈咪的款式，以及提供婴儿车的服务，想逛街的妈咪们不用忍着把宝贝一直抱在手上，可以一边逛街同时带小孩，一举两得。

最后是 Doosan Tower，这栋风格走的是奢华路线，大多是韩剧里千金小姐穿的那种服饰，但是如果来到地下室，可以看见原宿日本妹风格的街头品牌，这一层给人的感觉有点像涩谷的 109 百货，也许你会看到晒成古铜色皮肤、画晒伤妆的韩国女孩喔！

如果你想用比较便宜的价格购买，这里也有批发价，只是必须买到一定数量，像 Platinum 百货那样。和店家谈到可以接受的价格后，就可以愉快地带着战利品回家咯！也有一些店家提供网站供线上选购，一样深受韩国女孩们的喜爱。

东大门设计广场 & 公园

东大门的街道沿路都有路边摊，或者也可以走进 hello apM 旁边的巷子，里面沿街两旁都是店家，这里大部分商品的价格都比百货公司便宜，要先比较过价钱再买。接着走到东大门运动场站（Dongdaemun Stadium）的地下道，这里有地下街可以逛一逛，然后走到一号出口，会看见东大门运动场，以前这里是举办篮球比赛的场地，周边有贩卖服饰与运动用品的店家，但是现在已经拆除，被兴建成了闪亮亮的东大门设计广场 & 公园（Dongdaemun Design Plaza & Park）。

这座东大门设计广场＆公园是由国际知名建筑设计师札哈·哈蒂（Zaha Hadid）所设计，他曾设计过许多世界级的知名建筑，例如位于美国俄亥俄州辛辛那提市的罗森塔当代艺术中心（Rosenthal Center for Contemporary Art）、德国的沃尔夫斯堡的狼堡科学中心（Wolfsburg Science Centre）等等，以及英国伦敦千年穹顶（Millennium Dome）之智区（Mind Zone）的室内设计。

女生们还可以去周边的商店逛逛，这一带的东西比另一带卖的价钱便宜多了，逛起来像去市集逛街的感觉，一摊接一摊

的店家，眼睛可要睁大点喔！这样才可以买到物美价廉的好货。整条街有很多路边摊可以让你坐下来或站着吃东西，附近还有其他市场，如南平和市场（Nampyunghwa Market）、兴仁市场（Heungin Market）、Deogun 市场（Deogun Market）等等。

在韩国，百货公司前面的空间都用来举办活动，大多是周五与周六的傍晚时间，有时候会举办歌唱、舞蹈或其他选秀比赛和表演，为百货公司增添不少热闹气氛，有些当红的韩国明星，就是在这些小舞台上诞生的呢！

东大门怎么去？

- 地铁二号线（Subway Line 2）绿线，第206号站 东大门运动场站（Dongdaemun Stadium Station）第一、二号出口（如果想要先去百货公司那一边，第十四号出口会比较近）。
- 地铁四号线（Line 4）水蓝线，第421号站 东大门站（Dongdaemun Station）第七、八号出口。
- 地铁一号线（Line 1）深蓝线，第128号站 东大门站（Dongdaemun Station）第六号出口。

APGUJEONG
狎鸥亭·橱窗展示的冒险之旅

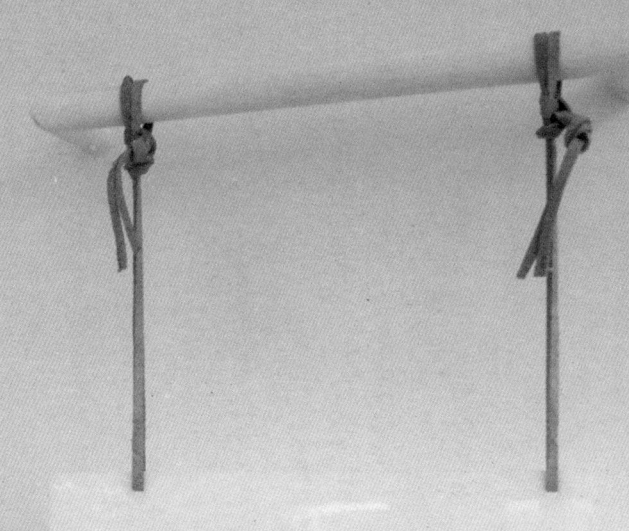

OPEN
building
2 Sophie : powder rooms

BUSINESS HOUR
MON-SAT
PM 12:00-PM 10:00
SUN.HOLIDAY
PM 1:00 -PM 10:00

狎鸥亭 APGUJEONG

好可爱呀♥

　　如果想在首尔从街头逛到高级精品百货公司，非来狎鸥亭（Apgujeong）不可！

　　这里的商品以高档闻名，全是经过挑选的精品服饰，无论是否为名牌，只要购自狎鸥亭的店家，保证赞！

　　放眼望去，街上全都是经过设计布置的店面，等着你去光临，路上满满都是穿戴韩式时尚的年轻男女顾客。对韩国人来说，狎鸥亭是一个具有独特风格的地区，专门为追求时尚的品味男女而设。各个品牌精心设计的豪华旗舰店与精品店藏身在巷弄之中，也许逛着逛着，爱马仕旗舰店就突然出现在眼前；这里也随处可见装潢新潮的简餐店，每条街道都充满令人意想不到的惊喜。

这一区的多样风格，总是让人逛起来心情非常雀跃，加上商业区占地实在有够大，连接好几条街区，从江南（Gangnam）、清潭洞（Cheongdam-dong）到新沙洞（Sinsa-dong），每一区虽然都连在一起，不过一旦跨过一条街，气氛就悄悄地改变了，等你回过神来，早就已经失去方向感啦，不知道自己究竟逛到哪里了。如果你打算来狎鸥亭走一趟的话，请一定要锻炼好腿力和看紧荷包，因为可能一不留意，荷包就"失血"惨重了。

Galleria 百货商场（Galleria Department Store）

好像布满闪亮唱片一样的建筑，从白天闪烁到夜晚的豪华百货，闪耀伫立在大马路一边，分成东边与西边两侧，是一间集结了首尔人最喜爱的所有品牌的百货公司，也是汉化集团（Hanhwa Group）旗下七家百货公司之一。除了可以在这里寻找想要的名牌之外，血拼魔人的秘招之一就是，来之前要先查一下活动时间，这里常常不定期出现促销特卖活动喔！

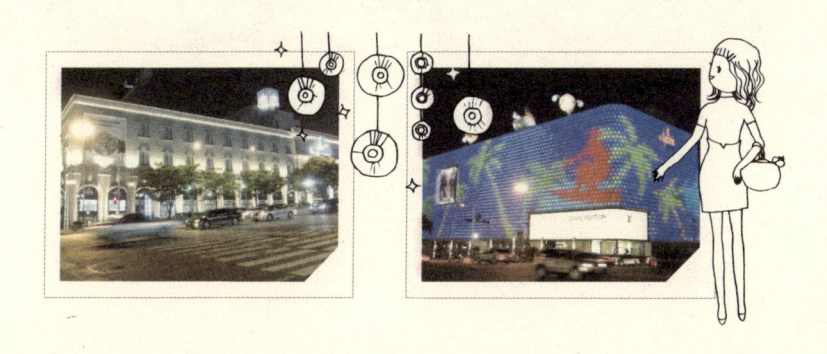

PARTICULAR
SPOOL CO

SHOP
And no Concept
Special
by
SUPERMARKET

MAP

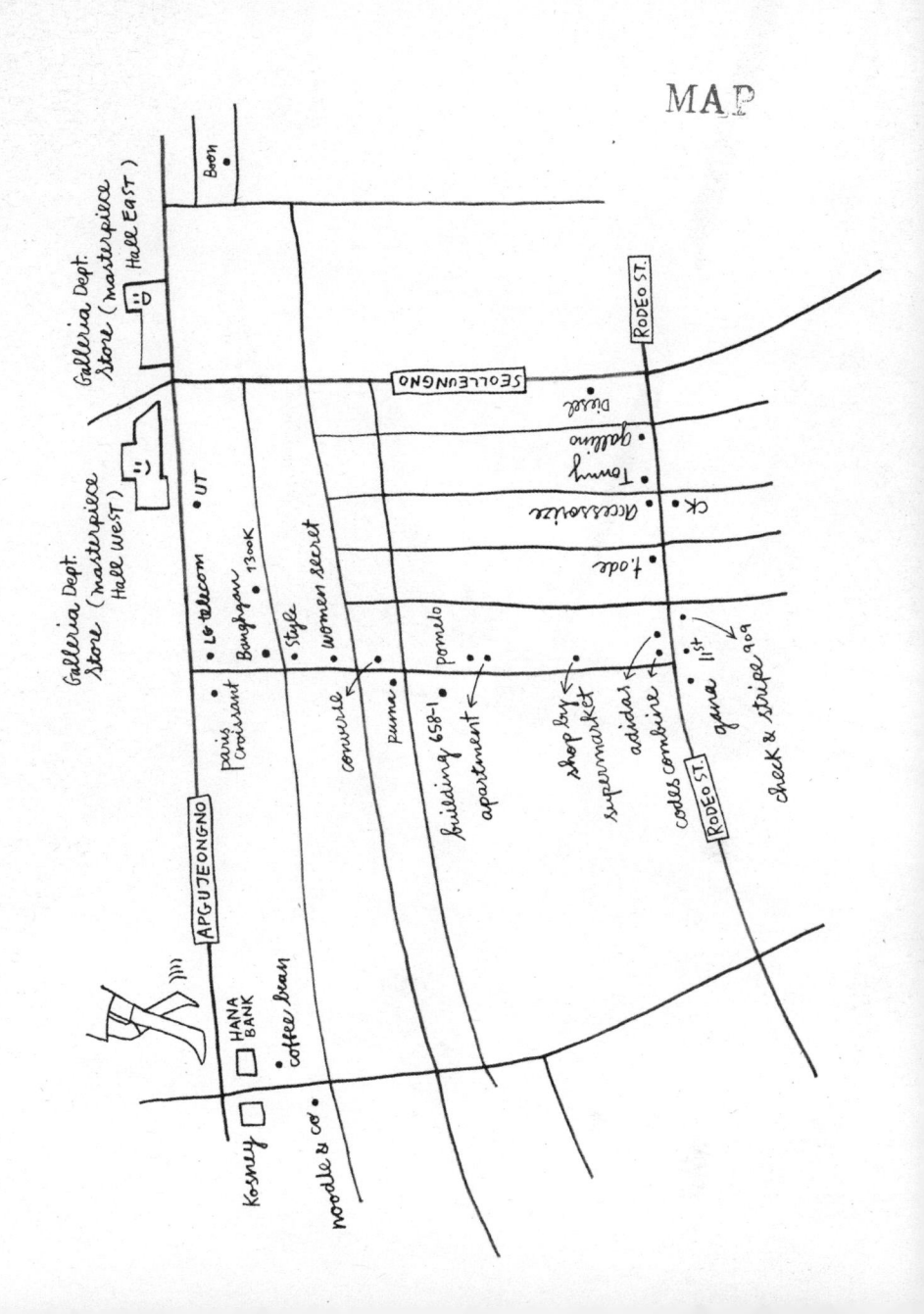

CHECK & STRIPE 909.
MILLIMETER MILLIGRAM

Rodeo 街 Rodeo Street

这条街相当受到时尚分子的青睐，不输给其他地区，集结了许多注重店面装潢摆饰及进口名牌商品展示的店家，让你沿路欣赏橱窗展示，视觉收获丰富。

Check & Stripe 909 · Millimeter Milligram
极简精品服饰

和 mmmg 合作一人一半的服饰店，这家分店主要走极简奢华风，才配得上狎鸥亭的风格。而 Check & Stripe 909 的部分，千万不能错过挤满在架子上、早就在对你招手的上衣与裙子。

t.ode 欧风家居家饰

来自瑞典与其他国家设计的家具家饰，还包括少数服装与饰品。这家店吸引人的地方在于它的装潢和室内设计，以童话为主题，整家店弥漫着森林的气氛。店名来自于 Todo 熊，店家更在这个名字上玩文字游戏，因为韩文的 Todo 是指住在森林里的熊，但是 t.ode 的森林可不是绿油油的热带森林喔，而是另一种抽象概念的白色森林。

店里的每一件装饰品都经过设计，让你一看到这个就会联想到什么，例如置物架是用圆柱包裹着棕色皮革，会令人联想到木头，数量一多，就像它们正等待 Todo 熊来休憩与玩耍一般。通往二楼的白色狭长楼梯，带着一股正邀请你走上二楼寻宝探险的吸引力，去寻找到底上面藏了什么……逛着逛着，感觉自己仿佛正在深入森林里，遍寻不着那头正在躲猫猫的 Todo 熊。

Galliano 品牌专卖店

谁能想得到在这个充满街头品牌的地方，竟然会遇到约翰·加利亚诺（John Galliano）的成衣系列（Ready-to-Wear），还以其他设计师的系列服饰，千万要睁大眼睛，可别就这样糊里糊涂地晃过去咯！

> 请注意店家门口如果有贴"Delivery Service"的字样，意思是这家店有送货上门的服务，买再多也不用担心会拿得手痛，或者也可以寄到别人的地址，给对方一个惊喜，也是个送礼时的好点子喔！

清潭洞 CHEONGDAM-DONG

不过隔了一条 Rodeo 街，街头品牌的亲切气氛，马上变成全首尔最高档的精品奢华风，当你感受到那种高贵气息时，才发现自己已经被来自全球的名牌旗舰店给包围了，每家店面都保持着自己独特的品牌个性，以优雅的姿态静悄悄地坐落在各自的位置上。

10 Corso Como 复合式文创商店

不只日本会有来自意大利的设计商店，首尔的清潭洞也迎接了 10 Corso Como 的到来，这里并非只提供特定品牌的东西，你也许会看到约翰·加利亚诺（John Galliano）的连衣裙、H&M 的 Marimekko 系列泳装，或 Comme des Garcons 的包包，甚至是精挑细选来自各个品牌的居家饰品、香皂或香精蜡烛。就算你不是血拼魔人，也有精选书区提供艺术相关的书籍，尤其是各国艺术家的精选集、稀有的音乐 CD，也都来到清潭洞的 10 Corso Como，为它增添时尚与独特的气息。

首尔与东京的 10 Corso Como 之间的不同就是，这里不只是精品商店，还担任韩国当代文化的集合，有展示艺术品的画廊、书店与咖啡店，不单只是希望顾客来到店里消费喜爱的物品，还期待大家从 10 Corso Como 的门走出去后，能获得些许的灵感和动力。

建筑外墙还装饰有 10 Corso Como 标志的黑色圆圈气泡，放在眼前一整栋建筑外墙，就感觉像是一个巨大的鱼缸，不禁偷偷幻想正在里头穿梭的时尚狂人们，不就像是在这鱼缸里游来游去，寻找喜爱的目标吗！

点点滴滴

来喝一杯 10 Corso Como 的咖啡，若你肚子正饿着，也可以尝试一下意大利面，餐后甜点提拉米苏也不赖喔！即使只是一间小小的咖啡店，但是非常受到意式美食爱好者的欢迎。休息够了，可以到位于 10 Corso Como 后方的男士精品区，虽然占地稍微小一点，可是有许多为潮男挑选的精品喔！

Boon The Shop 韩国混搭品牌商场

如果要选出首尔最漂亮的主题商店，Boon The Shop 绝不会落榜，除了建筑外头充满现代化的设计感，不断对你招手欢迎光临，而且里头只卖高档名牌货，走进去第一个感觉比较像是到了艺术馆，一点也不像来购物的，店内没有挤满架子的商品，只有挑高的天花板与走廊，引领你走进每一层楼，探访来自全球设计师特别系列商品的房间。每当你走进一间房间所产生的每一种特殊感受，正是 Boon The Shop 想要传达予你的东西。

我走遍了全部四层楼，自这个房间进去，再从另一个房间出来，看完了全部的美丽商品，最喜欢的是鞋区，别致的陈设方式让你能够清楚看到所有的鞋子，尤其最特别的鞋子，会被刻意放在小小的台子上，更彰显出它的与众不同。供顾客坐着试穿鞋子的大沙发，舒服到让人不想起身离开。

ANN DEMEULEMEESTER

新沙洞 SINSA-DONG

  这一带在杜森公园（Doosan Park）附近，宁静的气氛，与怎样都藏不住的漂亮建筑，让人一眼就深深着迷。这一带周围都是婚纱店，算是即将踏上红毯的准新人必来的地方，有婚纱摄影店、婚纱服装店和小巧可爱的宝石饰品店，不时还会看到一些新潮的服饰店和舒适的咖啡馆。

Ann Demeulemeester 安·德穆鲁梅斯特
比利时时尚品牌

  虽然不少人对这位比利时籍设计师不甚熟悉，但是我非常喜欢他们家的店，在四层楼的现代化建筑结构里，有一条通往二楼餐厅的特别通道，隔着玻璃，可以从通道上看到建筑外面包覆着一大面翠绿的草皮，仔细一看，一片片的翠绿草皮，其实是种植在墙壁上的绿色植物。从外头看进去，草绿的建筑物内铺着木质地板，感觉像是自己化身为爱丽丝，走进梦游仙境里探险一般。

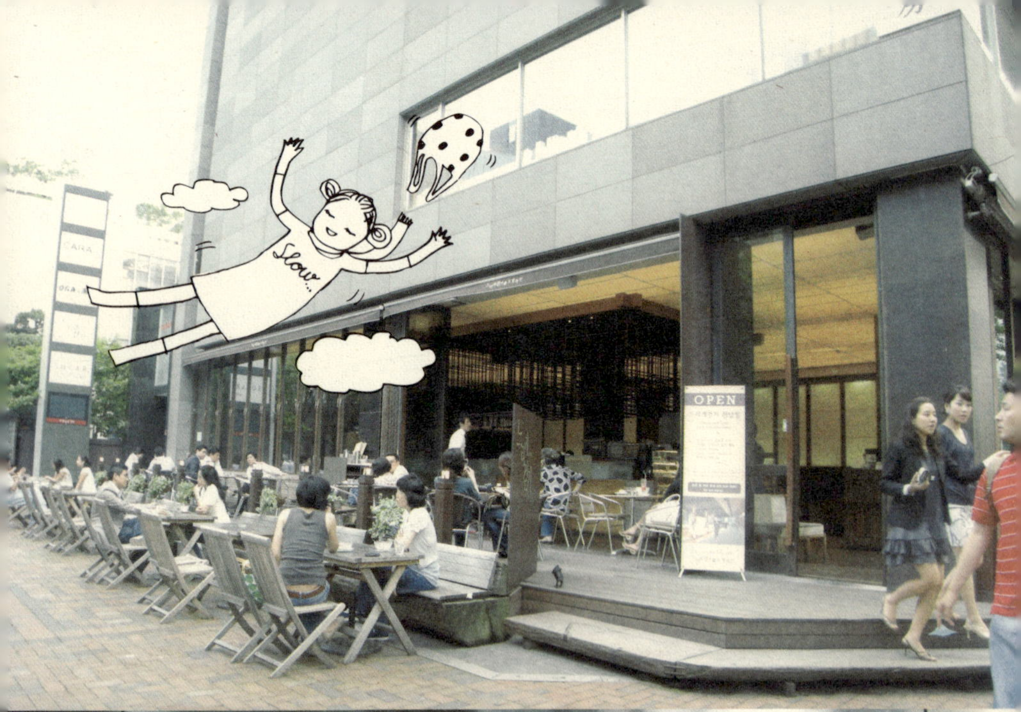
Slow...
OPEN

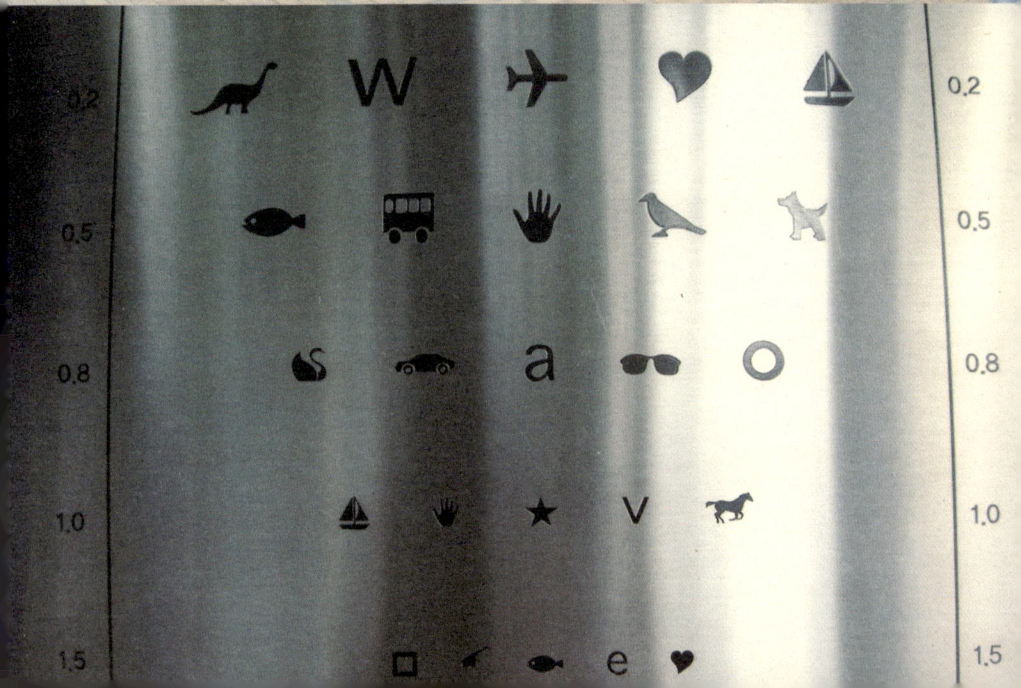
0.2
W
0.2
0.5
0.5
0.8
a
0.8
1.0
v
1.0
1.5
e
1.5

Slow Food 意式美食餐厅

走路匆匆忙忙吗？停下来歇一歇，然后再慢慢地悠闲上路吧……

不知道是否因为地球自转太快，还是说现代人生活太过匆忙，以至于一切看起来是那么烦乱，甚至忘了我们现在想做的究竟是什么。新一代的首尔人也是如此，Slow Food（译注：慢食）的出现正好因应这样快步调的节奏，立刻变成周日午后年轻人的热门去处。要来一份意式美食，或是咖啡与蛋糕的午茶搭配，吸引你把步伐放慢一些，将注意力拉回周围环境或自己的身上。

Wave 设计款精品眼镜店

眼镜精品店，为你挑选名设计师的款式，想要与众不同或别出心裁的眼镜，这里一定会有你喜欢的款式。这家店还有很特别的视力表，以可爱的图示取代传统的数字或文字。看起来可能是专门用来量测设计师们的视力的喔！

狎鸥亭怎么去？

● 地铁三号线（Subway Line 3）橘线，第 336 号站狎鸥亭站（Apgujeong Station）第二号出口（从地铁站出发有点距离，走路大约十分钟，过了马路会看到汉阳公寓（Hanyang Apartment），在左手边，直直走就会看到闪闪发亮的 Galleria 百货公司）。

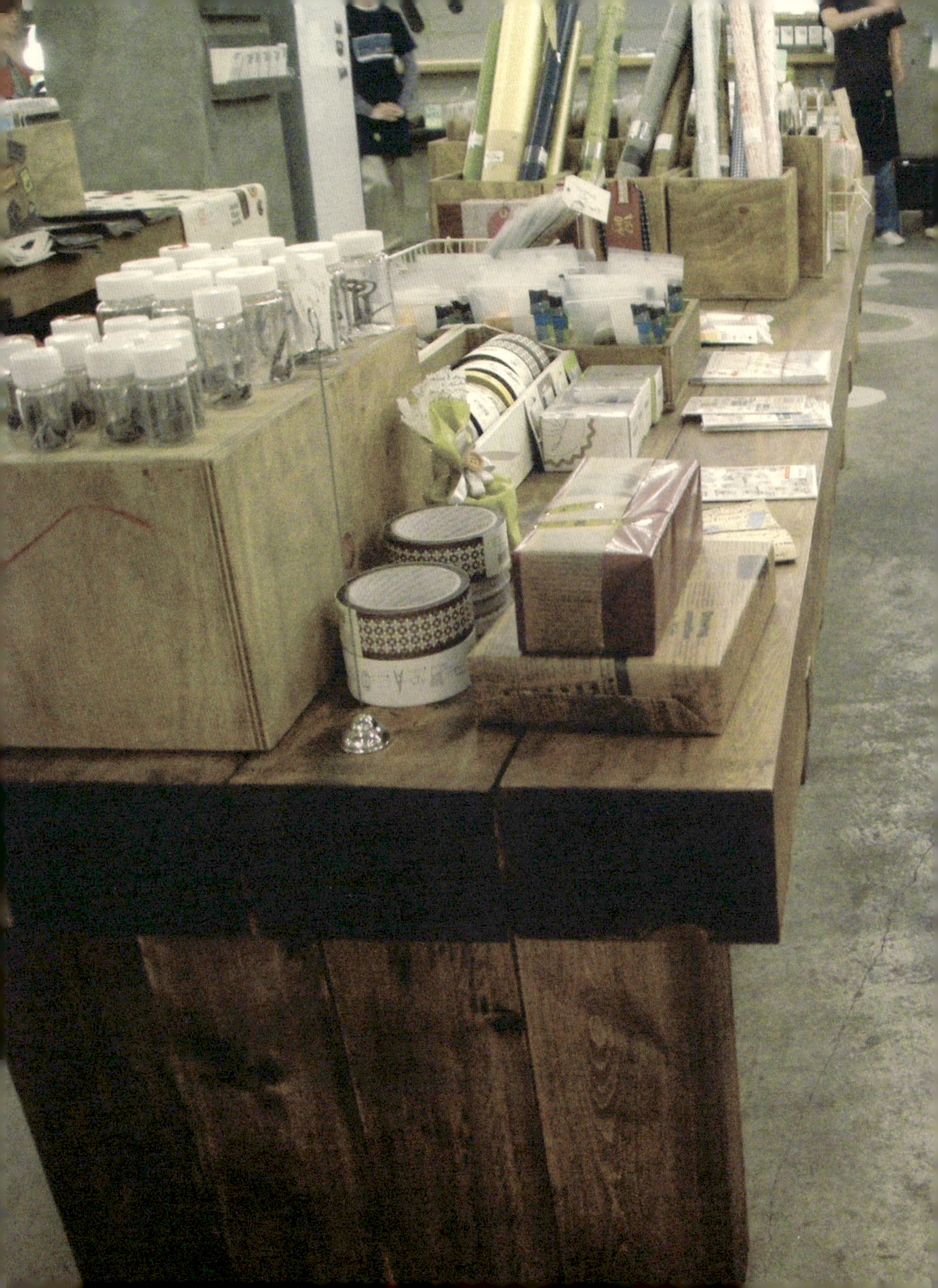

HONGIK UNIVERSITY
弘益大学，不只有艺术

弘益大学 HONGIK UNIVERSITY

　　弘益大学是韩国知名的艺术大学,每年有许多艺人、艺术家与创意工作者自这所大学毕业,除了学校本身是全韩国排名前几名的大学外,弘益大学的旁边,也就是人们称之为弘大(Hongdae)的商圈,更是吸引人无论是白天还是晚上都想来造访,难怪有人说"Hongdae All Day All Night"(译注:全日无休的弘大)。

　　在白天,弘益大学周围充满了提供购物的店家、咖啡馆、书店、餐厅等等,是首尔年轻人聚集之地;日落之后,则轮到大大小小的酒吧陆续开门营业;到了周六下午,弘益大学门口会有创意市集,让学生摆摊卖手工作品,旁边有舞台提供学生表演歌唱、舞蹈等等,周围的墙壁则是巨大的画布,成为学生展现手艺的挥洒空间。

DEL

PEL
OS

I think so 环保文具用品店

"你也觉得那家店很可爱对不对？"

"是啊，我也这么想……"

这是我漫步踏下阶梯时的自言自语，这条藏身在弘益大学对面路边的入口，通往位于地下的一家店面，地下世界却是意外地宽敞。

原色水泥地板、木桌和数十个置物架，打上暖暖的灯光，看似没有经过设计的展示，其实是刻意的摆设，看起来有一点精致，有一点炫。一旦看到如此吸引人的风格，很难就这么无视地走过去。

I think so 是一间生活文具用品店，特别注重日常生活中的细节，同时不失对环境的尊重，大部分的商品都是用环保材料制作，像是再生纸记事本。店家的宗旨是希望我们在一天当中能有一段美好的时光，假日除了休息之外，也能为世界做点什么，让生活的点点滴滴变得更美好。

整间店充满了许多小东西，好让你可以带回去简单组合或改造，像是装东西用的普通纸袋，只要你动手画一点东西或粘上装饰，再装入礼物送人，那个纸袋就会变成全世界独一无二的纸袋了。或者来个购物袋，店家也有提供一些装饰材料，任你依照自己的喜好使用，不限样式自由设计，这样就可以简单创造属于自己的风格了。

再走进去一点会有展示区，我去的时候他们第一次展示关于纸的物品，起源于希望设计师可以对自己的设计负责的概念，所选用的材料必须对环境的影响降到最低。展示区的空间虽然小，但每个角落都很用心安排，还有简单的概念，像是用杂志内页折成零钱包，或是可以利用扣在不同位置上的扣子来调整大小的 T-shirt，这样就

可以很多人穿同一件衣服，有相当多过路客进来参观。

我刚好有机会和服务生谈话，得知这些展览会不定期轮流更换，让人忍不住想知道往后的展览会是什么样的内容，会用什么来告诉

我们如何关心自己和环境，也许我们会因此停下来思考，对他说："我也和你想的一样啊……I think so。"

从弘益大学站（Hongik University Station）的第六号出口出来，直走到十字路口会看到西桥路（Seogyoro），继续走到人行步道（Walking Street），如果一眼望进去只会看到服饰店的话，那就确定你走对了。

Seogyoro 西桥路

从地铁弘益大学站出来后，大街小巷交错眼前，每条巷子里都有许多店面，逛都逛不完，这时一定要保持冷静，慢慢逛才能挖到宝。如果体力还OK，可以继续逛到梨花站（Ewha）与新村站（Sinchon），绝对能让血拼达人逛得大呼过瘾。

The Bling, 365 hall, The Bling#2

这三家连在一起的小店面,每一间都值得进去一探究竟。365 hall 被两间 The Bling 左右包围,第一间的服饰走年轻路线,展示服装的搭配非常别致,为吸引过路客加分不少。

1300k 设计礼品店

在韩国最受欢迎的一家礼品店,有来自各国及地区的设计礼品,包括了日本、中国大陆、台湾地区,以及韩国本土设计师的商品。店面看起来小巧,但供挑选的商品琳琅满目,日韩最新的设计礼品一上市就直接送到这里,都是最潮、最流行的热门商品。想买礼物送人吗?来这里包你不会失望。

Obokgil 咖啡小巷

看起来好像没什么特别的小巷子,其实里面也藏着不可错过的景点喔!如果你要来这一带逛,肚子一定要留点空间到咖啡馆吃点美食,或者可以先在这家店坐一下再继续逛,之后再去下一家咖啡馆休息,也是不错的选择。这条巷子可以绕回人行步道(Walking Street)那里,或者直走十五分钟到大马路,可以到达下一站:信川(Shinchon),继续血拼。

ARTBOX

르바이트

일오전 : 10am~5pm
일오후 : 5~11 pm
급 : 4000원

2F

문구. Accessory

리빙. 사무용품

실키봄
Silky Boam
₩ 1300

哇~
好香喔！

Cacaoboom 手工巧克力专卖店

才刚打开门，巧克力的香味立刻直扑鼻尖。这家店专门卖手工巧克力，有许多造型与口味，而且都是百分之百的纯巧克力。特别推荐他们的招牌，撒了满满可可粉的方块巧克力，浓、醇、香，好吃得不得了！另外，香浓的热可可也让人回味无穷。

Market m* 古典家饰精品

是为喜爱居家温馨古典风格（hommy vintage style）的人所开设的家饰店，大都以木质或是金属材质制作，带点复古的味道，建议你在拿起购物篮之前，先做一次深呼吸，免得买到喘不过气，准备好就上吧！

DESI
LIFE/
FURN
Market m* alway
Market m* is mainly focus
We welcome national customers
Thank you for your visit and supp
visit our website!
328-27 Seokyo
Seoul, Repu
Market m*
www.market-m.co.kr

MORE GREEN*

visit our website!
www.market-m.co.kr

因为温室效应问题，人们开始注意关心环境，韩国许多公司也跟上时代脚步，生产的产品都必须符合环保要求，这对地球无非是一件大大的好事。

Market m* 里的气氛令人感觉像是来到爷爷奶奶的家里，充满了复古的家饰，却又与当代的气氛互相融洽，店内装饰的摆放甚至可用"乱中有序"来形容，可以让人放心拿起来细看，也不会担心会破坏原有的整齐。

店内的家具来自各个国家，充满了 Market m* 的格调。如果是木质商品，使用的品牌名是"Market & Bisto"，而若是金属材质的商品，则是用"Wednesday 71"的品牌。店内商品非常符合新时代人们对生活用品的喜好，不受限于商品原来的形象，让顾客可以参与居家装饰的设计，他们的诉求是：希望每一件家饰品都能展现出顾客本身的喜好，即使是同一件物品，到了不同地方、不同喜好的人手上，就能散发出不同的气质，就连它的用途也是一样，同样是水瓶，既可以当花瓶，也可以拿来当笔筒。

来到这家店，除了欣赏琳琅满目的家饰品，心里还会不由自主地产生一股动力，想回家把一些旧东西拿出来改装利用，可能也会不输给 Market m* 喔！

Coffee Prince 咖啡王子

　　我也跟许多人一样迷上韩剧，于是顺道去参观了《咖啡王子一号店》的场景。保证你一来就能马上认出这里，因为店内挤满了女孩子，无论是小女孩或大女孩，都会到每个角落拍照留念，尤其是最热门的向日葵墙壁，永远没有空下来的时候，整天都有女孩们在这里喝咖啡、聊韩剧。在剧情里出现的墙壁或物品，都被拿来放在店里，上面还有演员的亲笔签名。只有一点很可惜，咖啡王子只有在戏剧里才会出现，现实的服务生全都是女生。

"要不要来算一下运势呢？"

　　泰国人和韩国人有很多相似的地方，尤其是算命这件事，许多人都很热衷，几乎每一区的路边都可以看到各家老师们的摊位，大部分是塔罗牌，但他们不是只摆张桌子椅子就替人算命，我在梨花一带的路边就曾看到有包厢式的，还瞄到一些摊位透过电脑算命，蛮高科技的呢！

弘益大学怎么去？
● 地铁二号线（Subway Line 2）绿线，第239号站弘益大学站（Hongik University Station）6号出口。

MAP

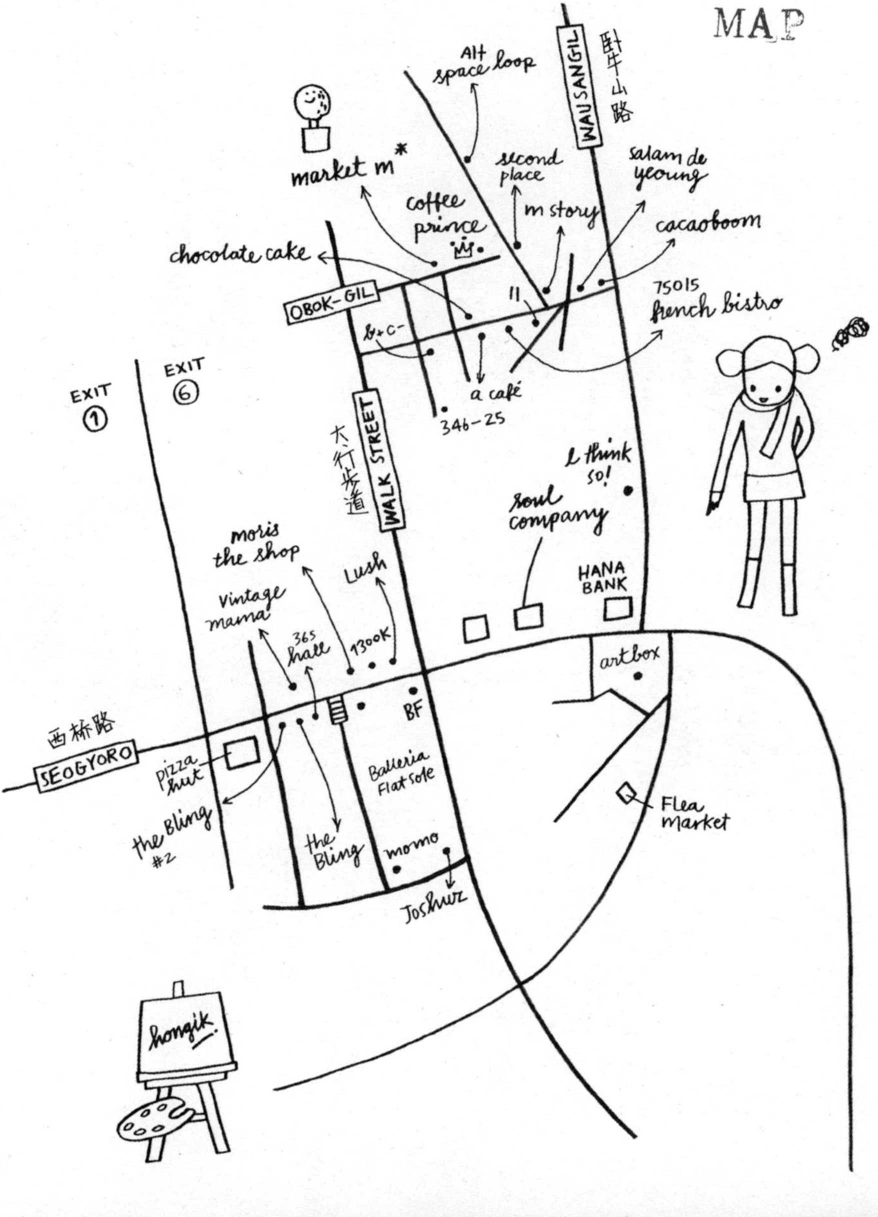
Alt space loop
WAUSANGIL
臥牛山路
market m*
second place
salam de yeoung
coffee prince
m story
cacaoboom
chocolate cake
OBOK-GIL
11
75015 french bistro
b+c-
a café
346-25
EXIT ①
EXIT ⑥
大行步道
WALK STREET
I think so!
soul company
moris the shop
Lush
HANA BANK
Vintage mama
365 hall
1300K
artbox
BF
西桥路
SEOGYORO
pizza hut
Balleria Flat sole
Flea Market
the Bling #2
the Bling
momo
Joshuz
hongik

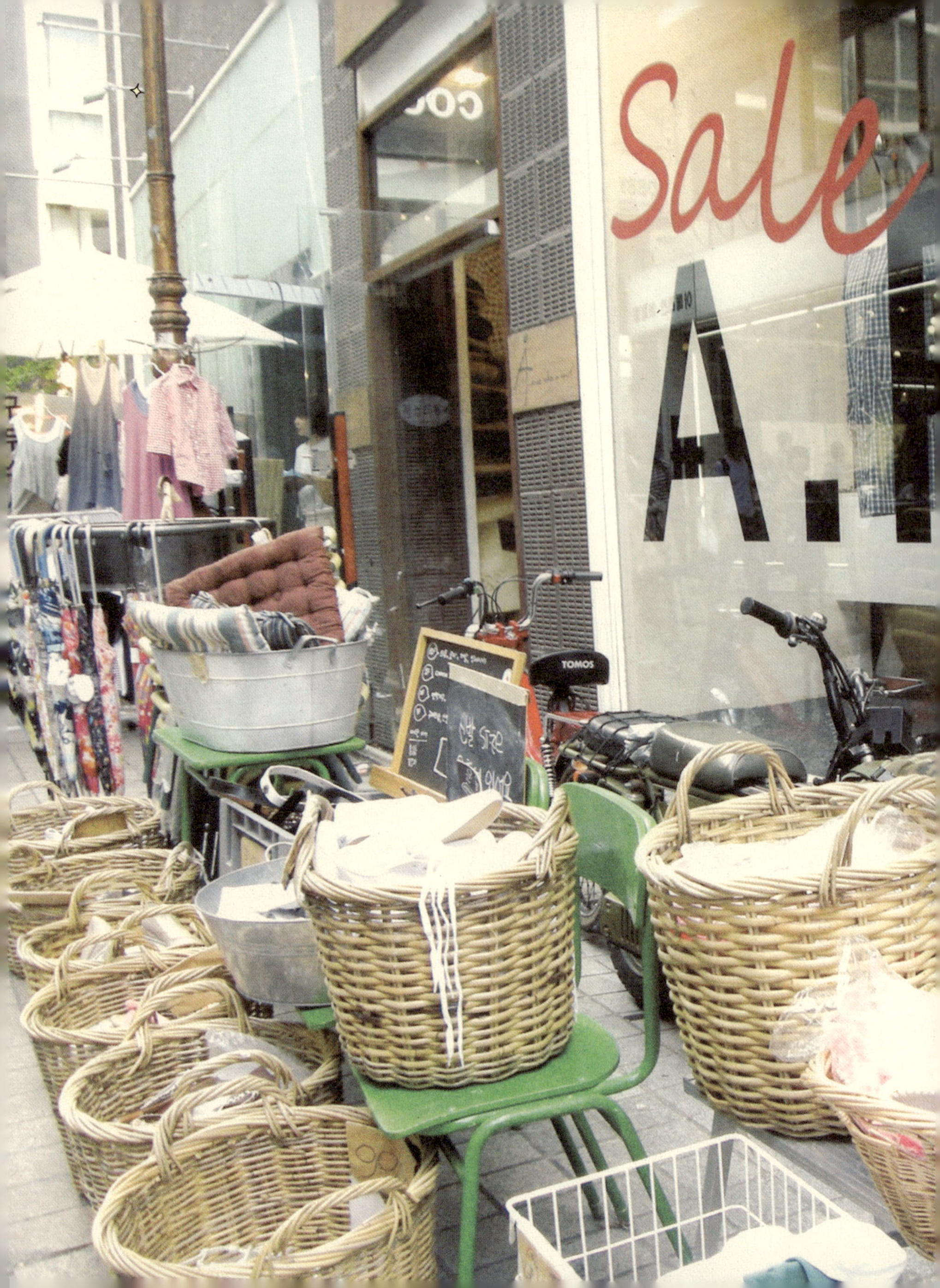
Sale
A.
TOMOS

MYEONG-DONG
明洞·青春大本营

Big SALE

明洞：韩版潮服一级战区

　　如果要找个地方来比喻明洞，那就是泰国的暹罗广场*啦，除了分成两边，一边是百货公司如乐天百货（Lotte Avenuel Department Store），就像泰国的 Paragon 百货公司那样，拥有名牌店如香奈儿（Chanel）与路易·威登（Louis Vuitton），地下层的美食广场也很值得推荐。

　　连接在一起的乐天青春百货（Lotte Young Plaza），贩卖服装与饰品，集结了韩国各个知名设计品牌，就连进口品牌如无印良品（Muji）与优衣库（UNIQLO）也在此进驻。

　　过马路到乐天百货的对面，来到广场的另一边，和暹罗广场一样是街头店家，满满一整条街的店面，还细分出很多小巷，让你钻进钻出逛不腻，不只有服装饰品，还有咖啡餐厅、甜点餐厅等等。光是在明洞这里，就可以逛上一整天也不会觉得无聊。

　　看到 Krispy Kream 甜甜圈专卖店对面的 Skin Food，就直接走进那个巷子啦，一整条巷子都是服装、饰品、鞋子、包包的专卖店，虽然衣服都差不多，但是各家有各家不同的装潢与搭配风格，可以让服饰展现出与众不同的样貌，让客人逛到眼花缭乱，就迷迷糊糊地付钱付到手软。可别忘了光临这些小巷喔，因为有时候也会穿插一些进口品牌在其中。

---

* 暹罗广场：Siam Square，位于曼谷市中心，聚集年轻人的商店与百货公司的地段，相当于中国台北的西门町或日本的涩谷。

ECO
PARTY
MEARRY

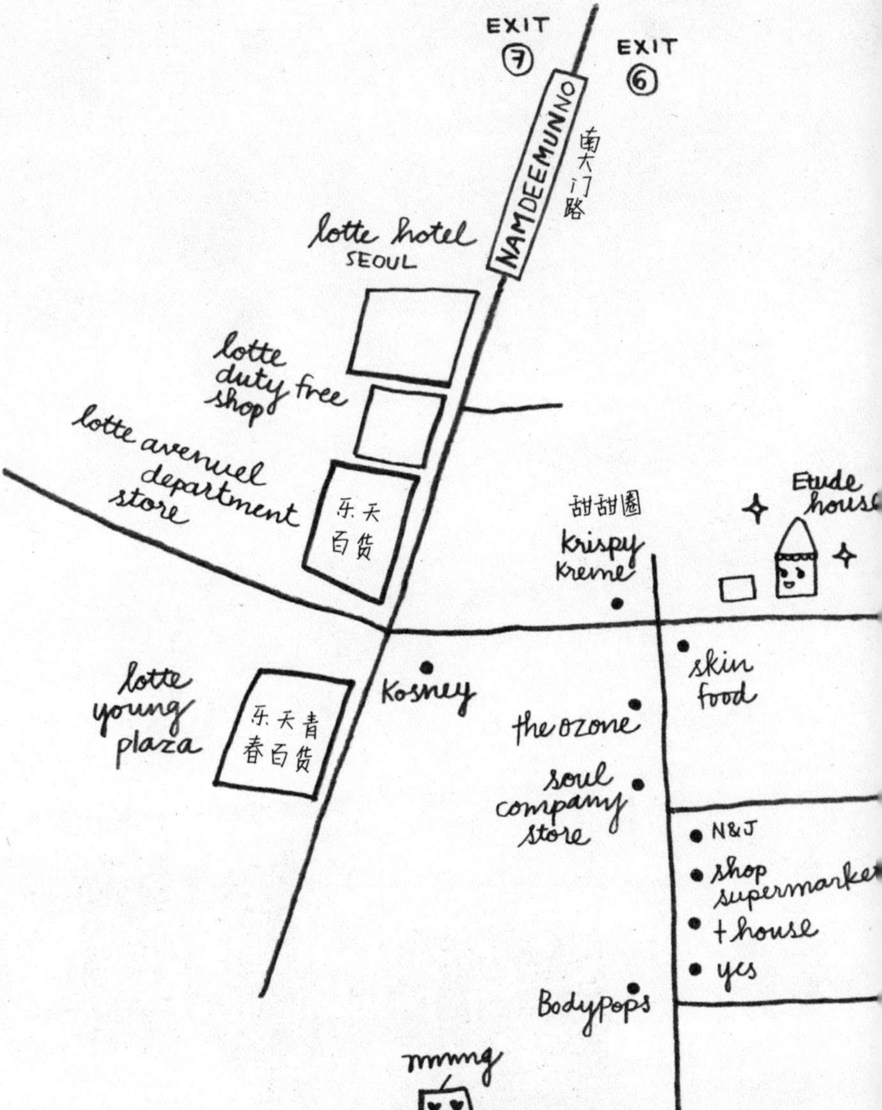
EXIT ⑦
EXIT ⑥
NAMDEEMUNNO
南大门路
lotte hotel SEOUL
lotte duty free shop
lotte avenuel department store
乐天百货
甜甜圈
Krispy Kreme
Etude house
Kosney
skin food
the ozone
lotte young plaza
乐天青春百货
soul company store
N&J
shop supermarket
+ house
yes
Bodypops
mmmg

MAP

the Face shop

SHIN HAN BANK

ABC mart

Tweenie weenie

cottiny

onitsuka tiger

dcx design complex

Aland

adidas

artbox

pinafore

codes combines

American apparal

G-star Raw

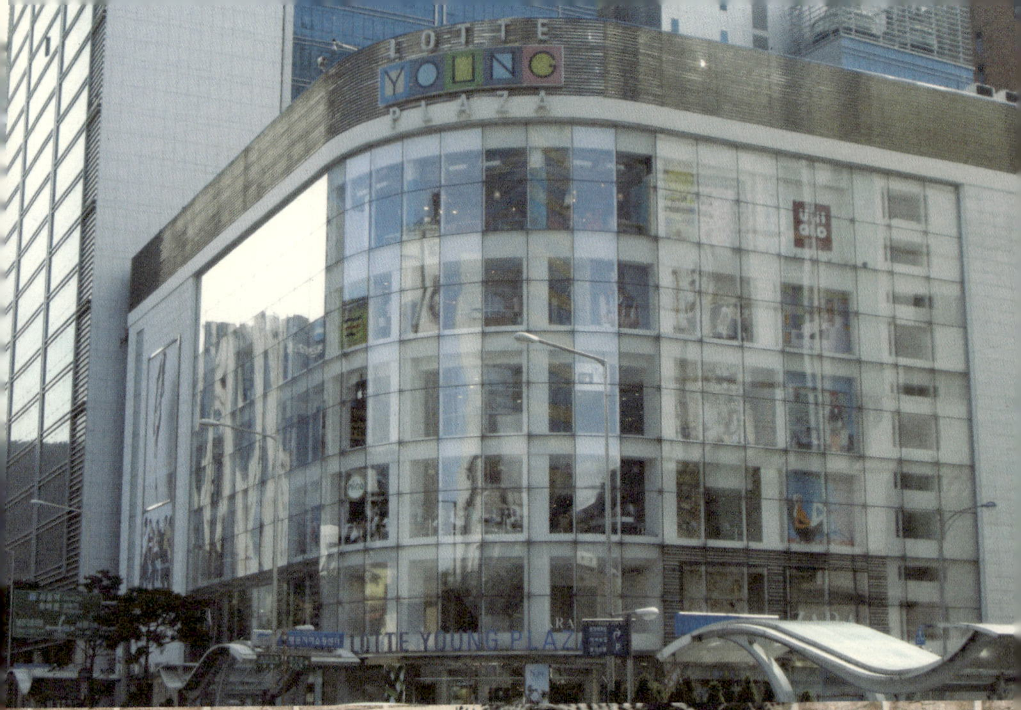
LOTTE
YOUNG
PLAZA
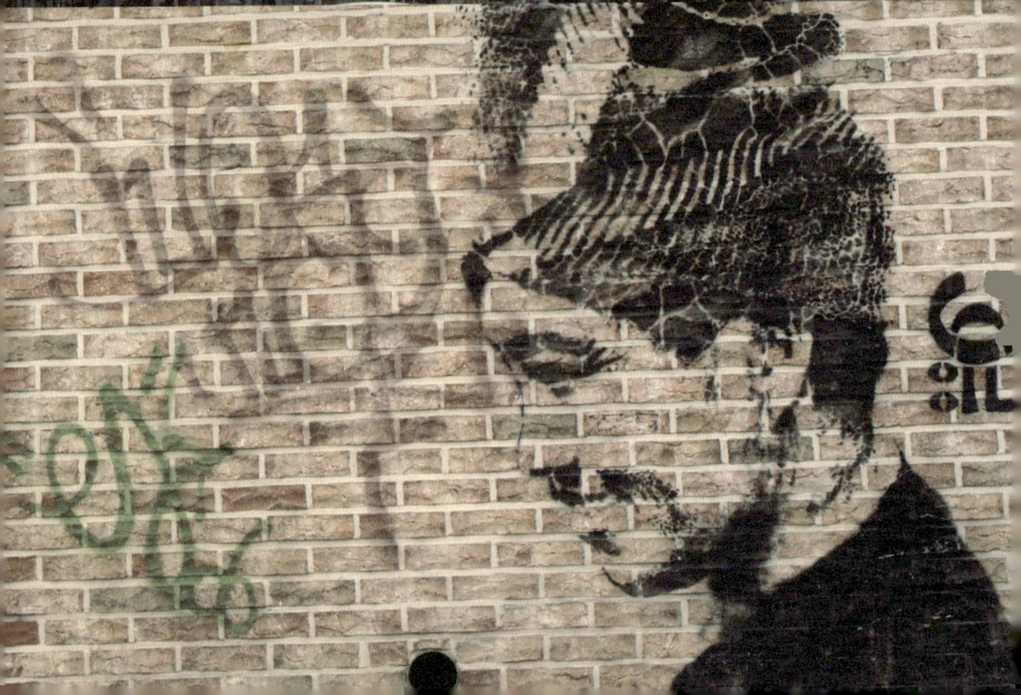

Lotte Young Plaza 乐天青春百货

是一栋符合乐天主题、主攻年轻人市场的流行馆,整个六楼都是各种品牌服装,可以在这里看到韩国设计师的样式与风格,有些甚至能媲美日本、欧洲的品牌。地下室还有来自日本的 Muji 无印良品在此开设的分店,商品种类非常齐全,无论是文具、厨具、饼干、电器等等,如果你想买 Muji 的电器,要注意使用的电压都是 220 伏特喔!

来自美国的甜甜圈专卖店 Krispy Kream 已经流行全球,在韩国也有多家分店,即便如此还是大排长龙,耐心排队买甜甜圈的下午时光,搞不好还可以吃到一个店家赠送的原味甜甜圈,绝对是非常值得等待的美味。

Kosney 生活风格商店

　　生活风格商店（Lifestyle Shop）来自于现代人的新消费文化，所选择购买的商品是为了最能贴近日常生活的需求与喜好，大概的意思就是"如果我不喜欢，我不要，我才不买"，而 Kosney 就是韩国早期的生活风格商店，为了适应这样的文化而出现，也成功打下了市场。

　　明洞分馆的 Kosney 位于大马路转角，就在乐天青春百货的对面，店面大小刚刚好，商品种类齐全，能满足各种生活需求，地下层还有文具区与图书区。我非常喜欢的一点是，占地不会大到让人走得昏头转向，商品也经过挑选，是顾客一定会喜欢的商品，连杂

志也是挑过的，来 Kosney 逛的人一定会喜欢看。

　　一楼的部分是生活、美妆、健康与杂货的分区，大部分商品也会因应当时的趋势，好比环保概念正来势汹汹，所以这一层的商品全都符合环保需求，包括纯天然美妆、环保购物袋等等；最上层，也是女孩们最喜爱的一层，整个都是服饰区，设计成市集的感觉，但又偷偷运用枝形吊灯(Chandelier)或水晶吊灯，营造出精致的氛围。

　　这一层最吸引人的就是饰品区，有非常多样式可供挑选，有些堆放在一起，有些则挂起来展示，就是要让你在饰品堆里挖宝，挑来拣去，还误以为自己正在某个夜市里呢。

　　如果明洞分馆还不能满足你，另外还有梨花大学分馆，占地更大，但我最喜欢的其实是狎鸥亭分馆，因为占地比较小，所以贩售的东西都是经过层层筛选，不用花太多时间扫货，但是因为太好买了，反而成为花最多时间的一个分馆。

> **点点滴滴**
>
> 在 Kosney 逛得很开心，却突然想起为什么会逛得那么开心，毕竟商品就和其他同性质的店差不多，这才想起原来是馆内播放的音乐听起来很舒服，让客人逛起来感到心情特别愉快。他们也有卖音乐 CD，曲目则是由 Kosney 挑选编排，旋律动人，仿佛每个音符都能深入人心。

love
love

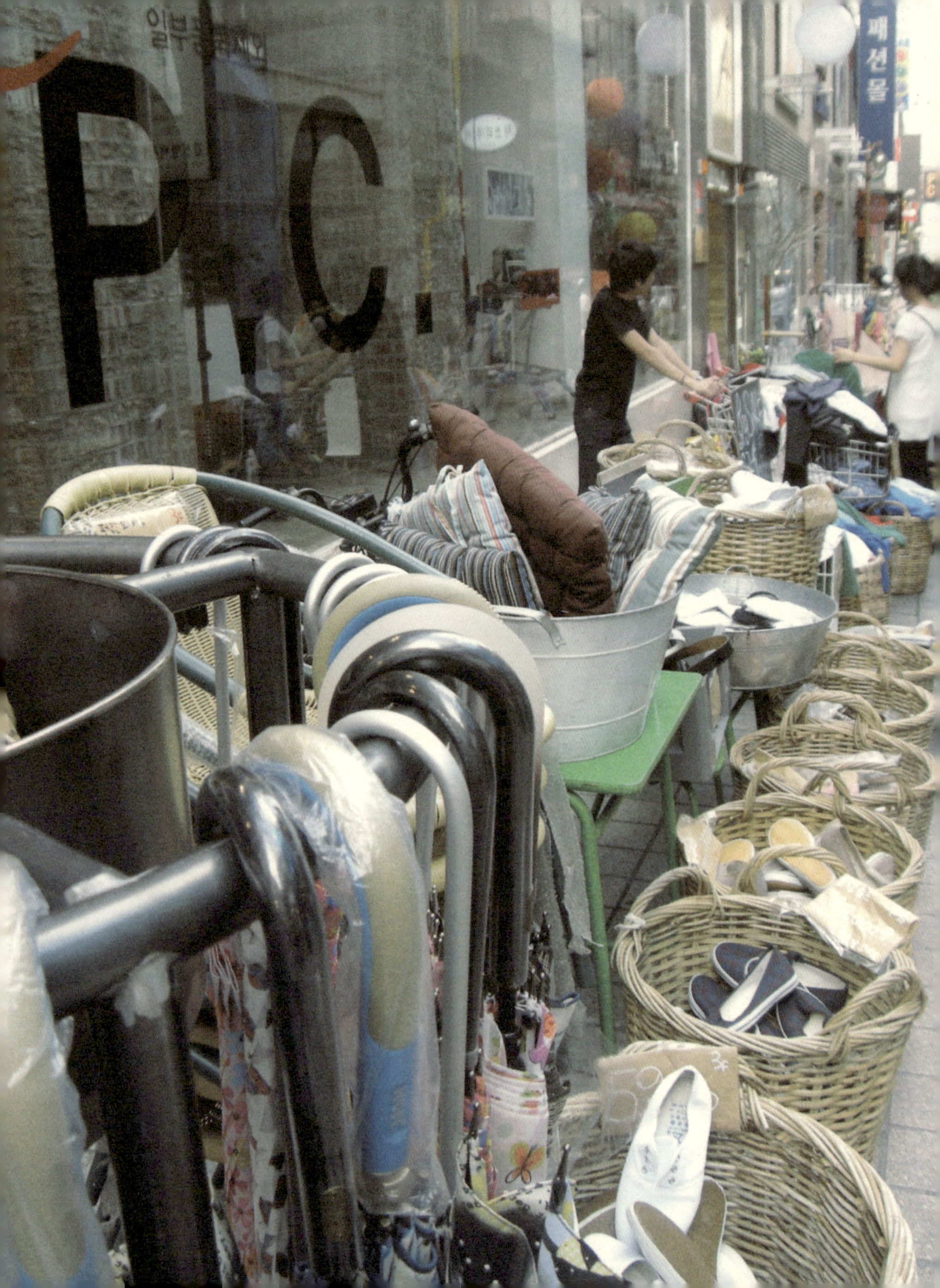

P.C.
패션몰

Aland 创意生活风格馆

是一栋集结了许多创意人的创意生活风格馆,若要说明 Aland 的特色商品是哪一种类型,其实有点难归类,因为在明洞大马路转角上的这个四层楼空间,集合了各式各样的商品,如服装、饰品,甚至是各个品牌的家饰品,但全部的风格都是一样的,就是潮与复古。一旦来到这里,就好像被一股创意的魔力给深深吸引,脚步不由自主往里走去,再也不想走出来,因为有很多小角落让你怎么逛都不会腻。

四层楼各有不同的主题,根本就是喜爱潮牌的时尚达人的小小天堂,在此设柜的都是拥有独特风格的潮牌,这里甚至还能看到 APC(法国品牌服饰)或 April 77、Cheap Monday 等牌子,所有品牌最新一季的商品,就这样默默地出现在店内,和韩国服饰搭配得恰到好处。

来到地下室,集合了五花八门的家饰品,如古董茶杯、金属盘子、木椅、台灯等等,展示的小物每一件都令人爱不释手,就像来到旧货市场一样,逛起来很有趣,因为总会有好东西藏在角落里等着你去发掘。

最精彩的在顶楼，将复古服装、怀旧物品和跳蚤市场结合在一起，特别是入夜之后，很多韩国美女们像是来解放压力一样在此大开杀戒，每个人都拿着篮子，旁若无人地拿着衣服比来比去，非常专心地在搭配衣服！

如果想在Aland买到物美价廉的东西的话，要挑星期天下午来，因为各个店家会把东西放在店门口做促销，虽然只是小小的一区，但是价格却非常诱人。

Soul Company Store 潮服店

这家店的宗旨就是，让客人能够用便宜的价钱打扮成像明星一样，是韩国女孩很喜欢逛的服饰店，款式繁多，任君挑选，一整排衣架上满是各色服饰，让你尽情挖宝，挑到满意为止。

店内的摆饰很像拍戏服装组的感觉，依照颜色分类衣服，虽然光线有点暗暗的，但是价格真的很便宜，不过……品质也相对便宜喔！还有另一家分店在弘益大学附近。

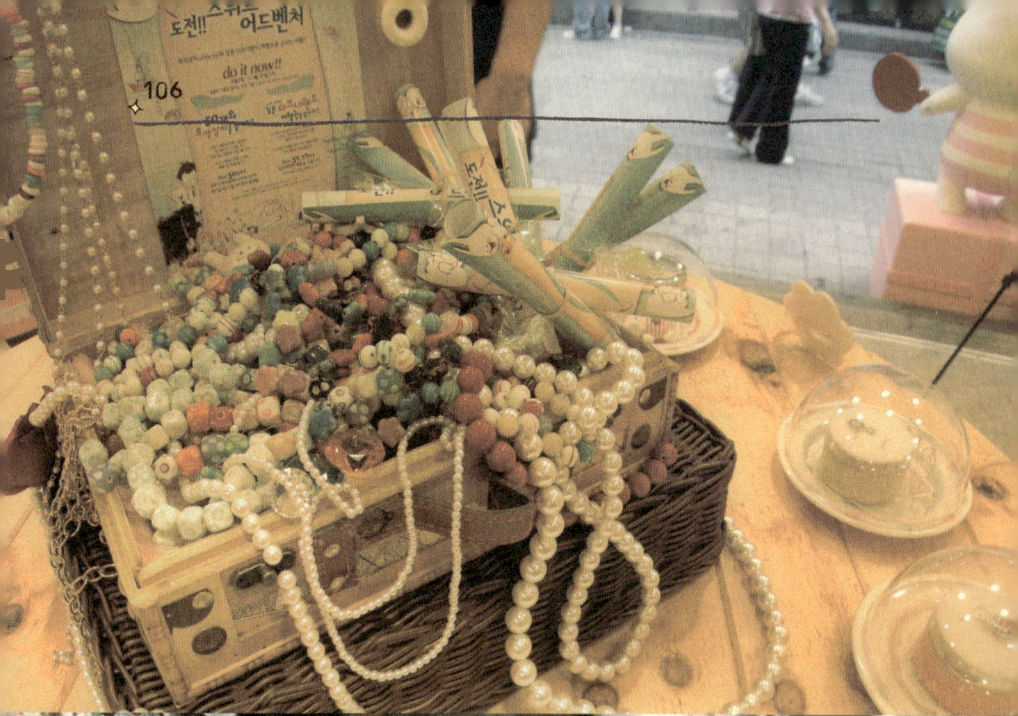
도전!! 스위트 어드벤처
do it now!!

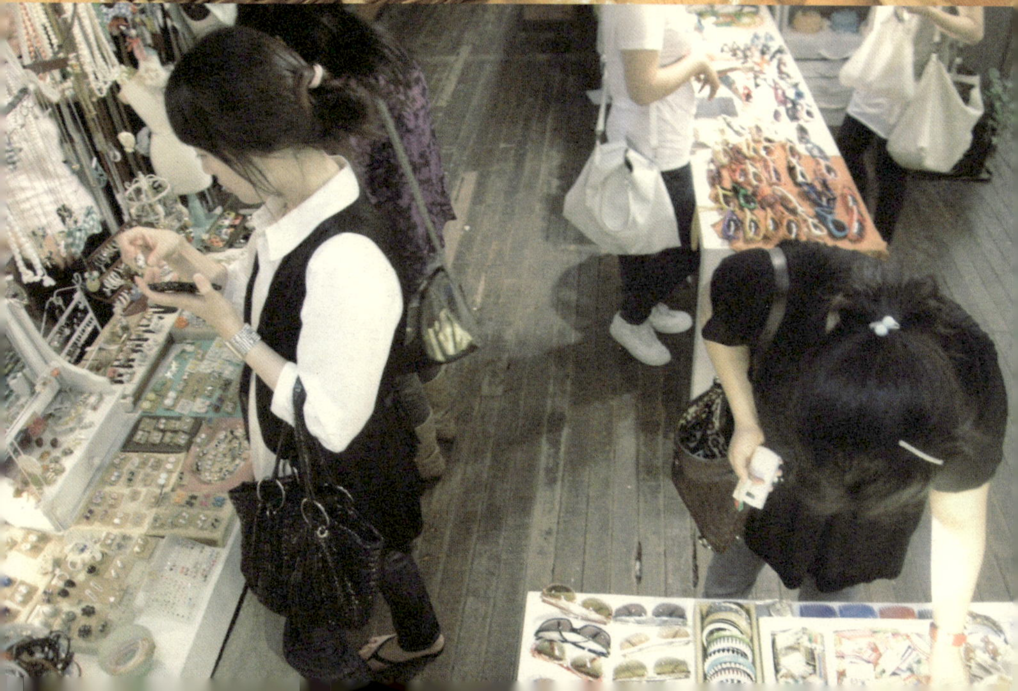

Cottiny 手作饰品专卖店

如果只是看店面和销售员，可能会误以为这里是烘焙屋，其实 Cottiny 是专门针对年轻女孩喜好的饰品店，数量多到挑得很累，他们把饰品装在盘子上，用纸张垫着，或是用玻璃罩盖起来，远看会以为是迷你蛋糕。

最赞的是他们有提供手作工具，可以让客人 DIY 制作自己的饰品，所有配件都可以在店里面自由挑选、组装，有很多种类的绳子、钩子或可以串成一条的线材，以及珠子、坠子等等，全都可以自行搭配，做完之后就是独一无二的饰品了。

●地铁二号线（Subway Line 2）绿线，第 202 号站乙支路入口站（Euljiro 1(il)-ga Station）第七号出口，这个出口一出来就是乐天百货（Lotte Avenuel Department Store），如果想到街道区就从六号出口出去。

高跟鞋 &
韩国美女

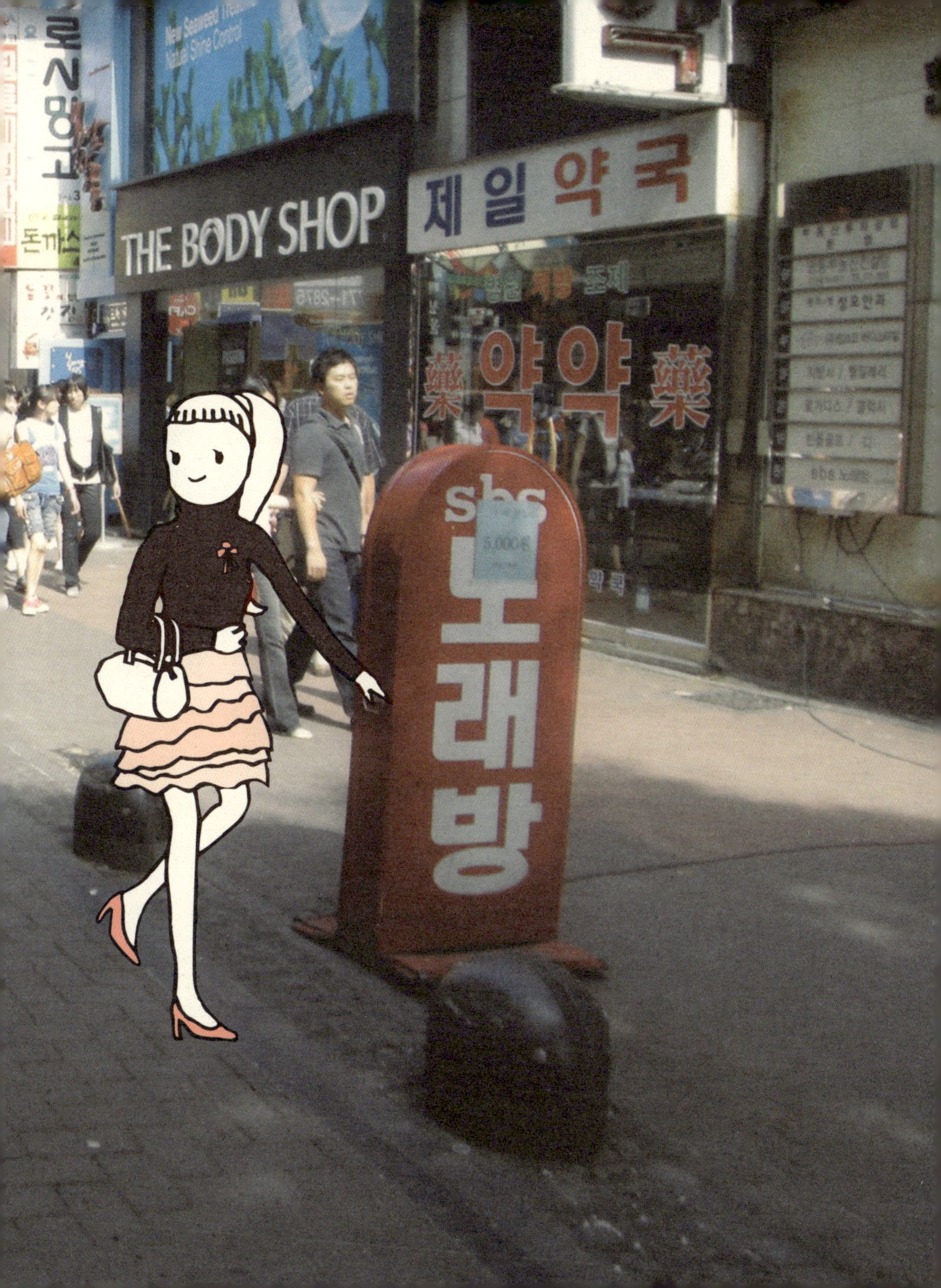
THE BODY SHOP
제일약국
藥 약국 藥
sbs
노래방
돈까스

就是要有女人味

一提到"美眉",相信无论哪个国家的女孩都是爱漂亮的,尤其是可爱出了名的韩国美眉,对于美丽的追求更是不落人后。

有个韩国朋友跟我说过,韩国女孩毕业之后,爸爸妈妈也许会以准许女孩整形当作毕业礼物,整哪里都可以,搞不好还会顺便帮忙安排相亲(就像我们在韩剧里看到那样)。因为现在的年轻人必须负担工作赚钱的责任,连谈恋爱的时间都没有,长辈媒婆们就会帮忙牵红线,如果彼此有好感就继续尝试交往,如果彼此看不顺眼,就只好期待下一段的新缘分喽!

仔细观察韩国的女性,无论是小女孩还是大女人,从头到脚都打扮得宜,非常注重时尚流行,但无论喜欢打扮成怎样的风格,脚下踩的一定是高跟鞋,大部分的鞋店也都会卖高跟鞋,就算流行穿平底鞋,但是等潮流一过就会恢复穿高跟鞋的打扮。因为韩国女孩子喜欢让自己看起来非常有女人味,而高跟鞋正是展现女性特质的好帮手之一,穿起来就是漂亮、高挑,充满女人的风采。

而年轻女孩的打扮清一色都是盖额头的刘海儿,似乎是学生们的标准发型。踩着高跟鞋的女人与额头挂刘海儿的学生妹穿梭在路上,也是韩国女孩们的一种特色。

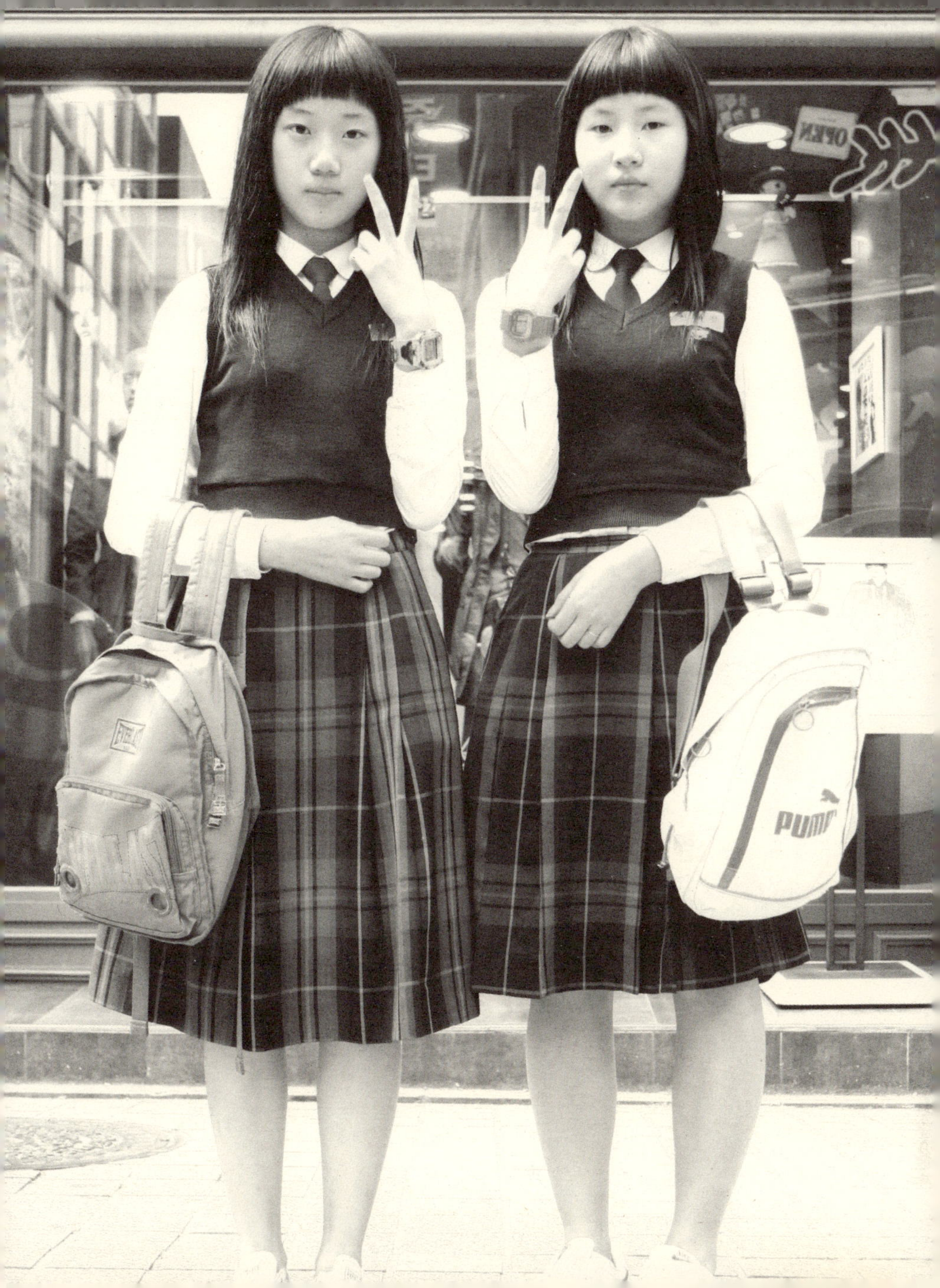

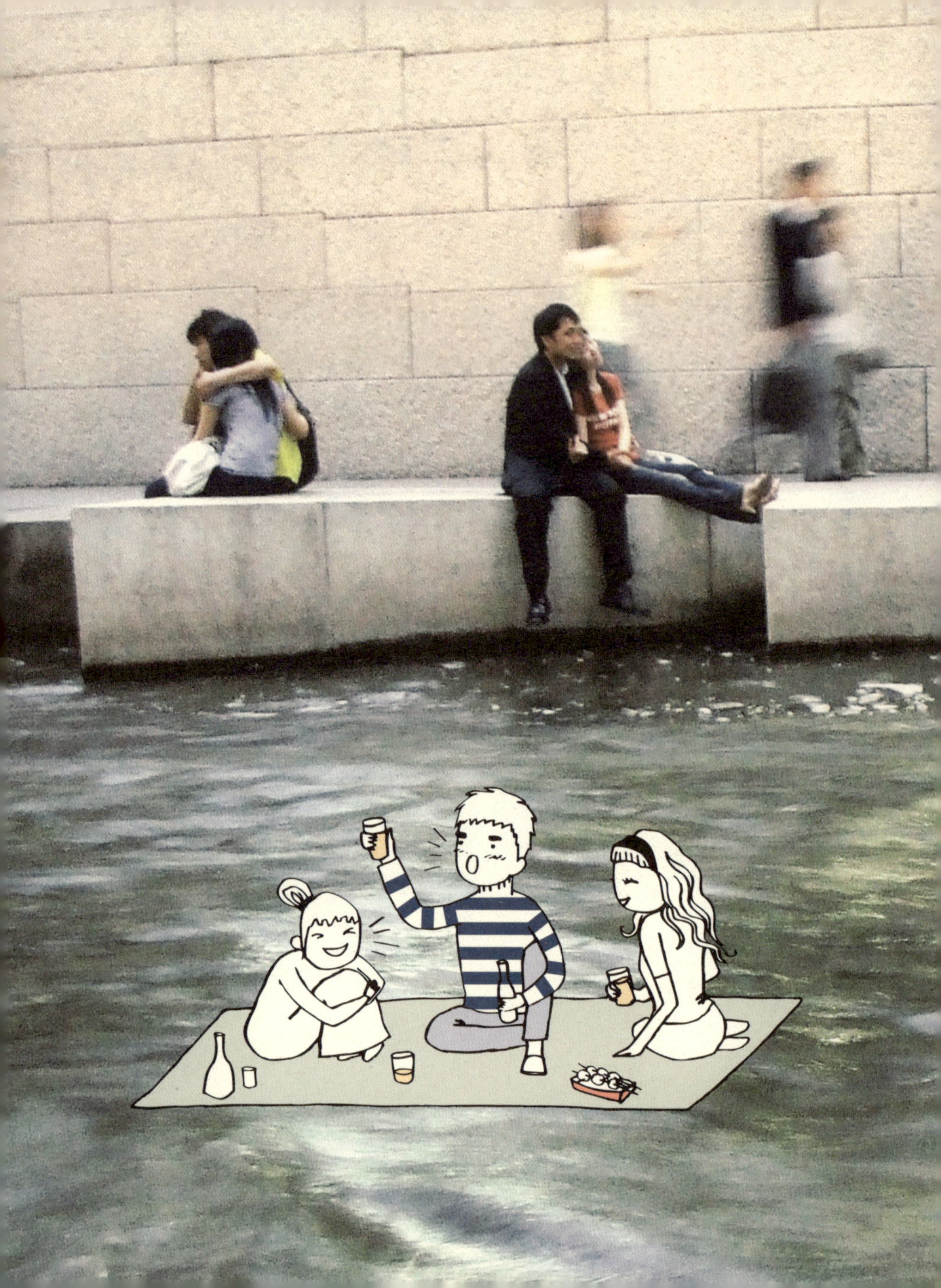

CHEONGGYECHEON STREAM
波光闪闪·清溪川

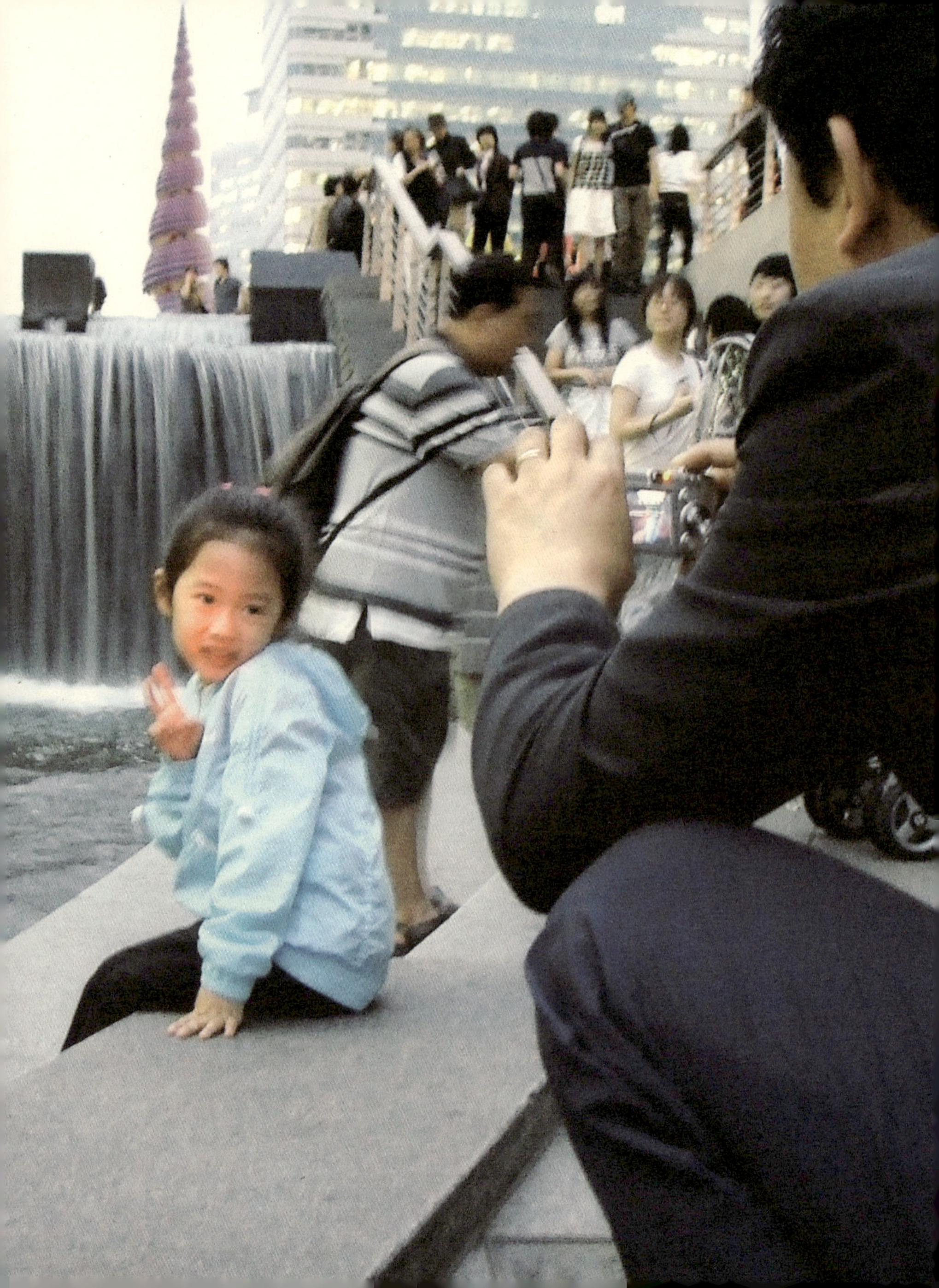

连系着首尔的缎带

在首尔市中心的清溪川是首尔出名的景点之一，是韩国当地人与观光客都会报到的旅游景点，尤其是在春季的时候，可以看到各年龄层的男女到清溪川边，带着准备好的饮料食物，铺张餐巾热热闹闹地享受野餐，也有不少小情侣在这里约会喔。

在清溪川成为像今天这样的观光景点之前，是一条深绿色的、发出阵阵恶臭的河川。毕竟如果有河，就会聚集人来这里居住，渐渐变成高密度的住宅区，河川也从原本的净透渐渐变色，接着为了建造过河桥，开始封闭部分路段，结果却让清溪川的相貌变得更丑了。

终于在2003年，当时任职首尔市长的前总统李明博（Lee Myung-bak），为了让首尔成为二十一世纪最适合居住的城市之一，开始认真整治清溪川，直到2005年才完成整治工程，清溪川从此脱离原本人人避而远之的窘境，蜕变成为首尔市中心的休闲景点之一。

清溪广场 Cheonggye Plaza

　　李明博沿着清溪川河道两旁安排了一段又一段的景点，有清溪广场（Cheonggye Plaza）、喷水池与七彩缤纷的灯光、瀑布墙和班次图壁画，这幅巨型壁画是将朝鲜王朝的正祖大王时代描绘在陶瓷上，据说是全世界最大的陶瓷壁画，沿着墙壁一路都记载着朝鲜王朝的历史，让后人能够在路过时轻易了解本国历史。

　　清溪川的河道非常长远，河的两岸也有许多观光景点，虽然实际造访的时候并没有想象中那么雄伟，对某些人而言甚至还有些俗气，但是对于致力改善原本无药可救的臭河川的精神却值得景仰。清溪川再度成为可以让鱼儿生存的干净河川，当地市民也很喜欢到这里游玩，又加了历史壁画这样有文化价值的元素，流传给后人学习，而且改善工程仅仅花了两年就完成，如果我们国内的河川渠道也能有这样的改善的话，一定是很棒的事，你说是吧？

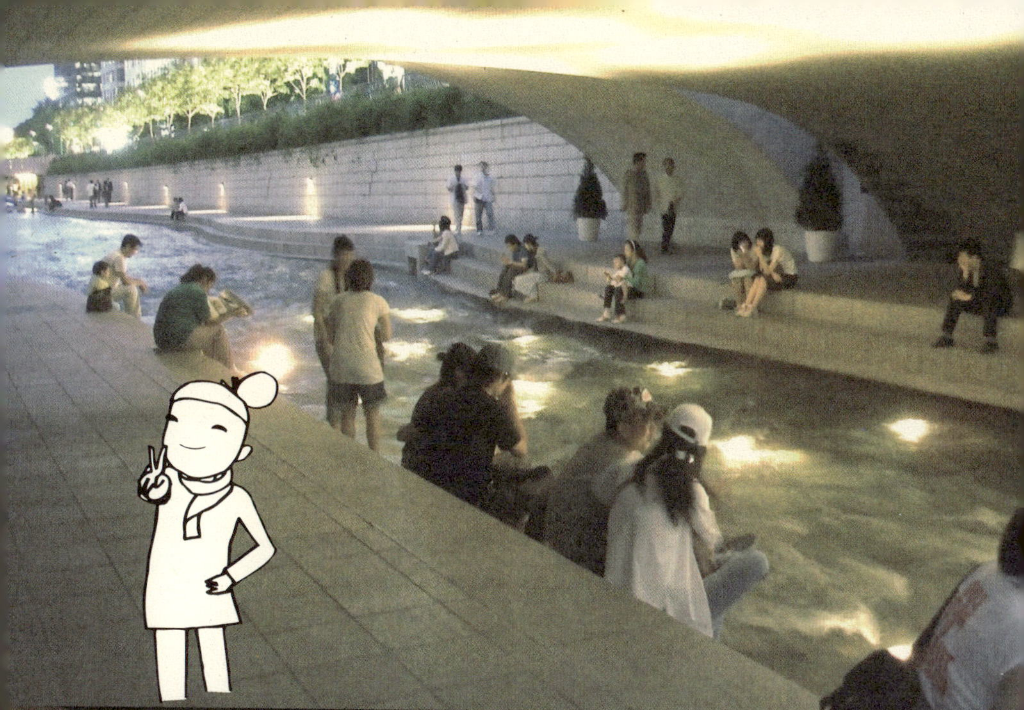

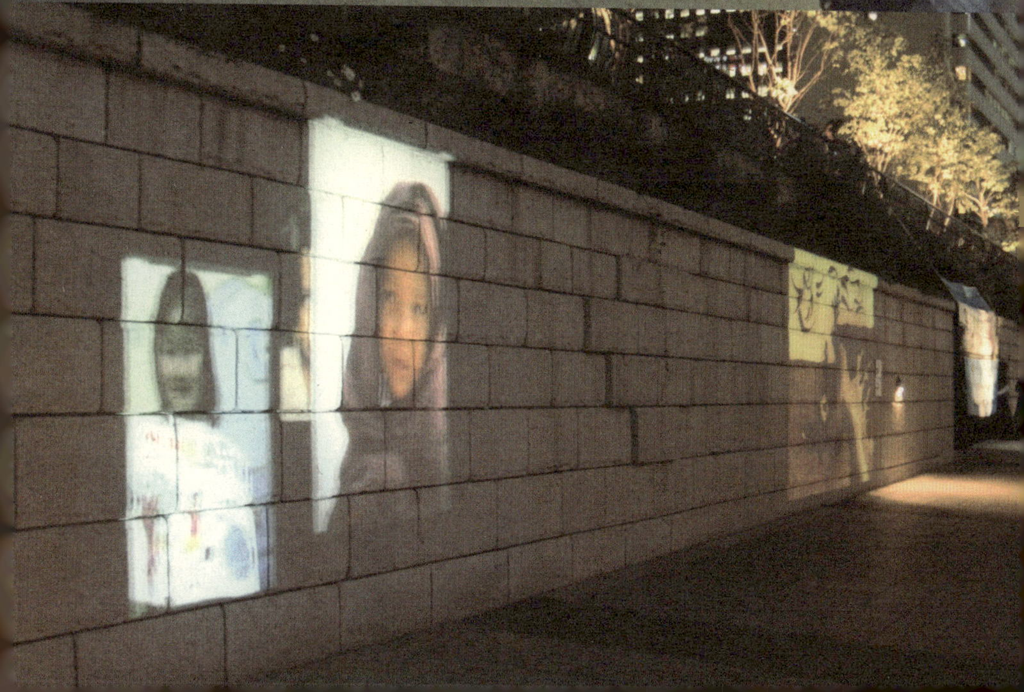

广藏市场 Kwang Jang Market

沿着河边步道悠闲散步之后,上来逛逛两旁的商店吧。

清溪川周边地区有好几个大型市场,尤其是生鲜市场、旧货市场、中古市场与一些手工艺品的批发市场,很像曼谷的三朋市场(译注:Sampeng,曼谷知名的批发市场)与帕乎叻(译注:Phahurat,俗称小印度),逛起来非常有趣。

那就从广藏市场(Kwang Jang Market)开始逛起吧!这是一座兴建于1905年的老市场,有很多出入口可以通往邻近的几个市集,逛着逛着很容易就遇到可以停下来看看的店。广藏市场有两层楼,楼下是生鲜市场,贩卖韩国当地食物与各式各样的甜品,但是这些甜品都颇有分量,如果不打算吃东西,就快速走过吧!

二楼可说是广藏市场的重点区，是贩卖做韩服（传统的朝鲜族服装）的丝绸的大宗，每一间店面都是小小的四方形空间，展示各类丝绸与型录供顾客挑选，邻近的店家全都是卖布的布料行，是以公尺为单位贩售，跟泰国的帕乎叻一模一样。穿过广藏市场来到巷弄内，还有很多布庄，这里的布料就可以一次买一整匹，也有折成一叠或一包在卖的，各种样式挑到你满意。

来到靠近清溪川的一边，大概在 Gwanggyo 桥到 Baeogaedari 之间，有一排楼房与市集，贩售同性质物品的大楼群聚一起，几乎可以自成一洞。其中有一段卖与裁缝相关的材料，有好多漂亮的蕾丝花边与丝带。那一带的店家可以连十家都卖蕾丝花边，经过我实地调查与亲自购买的结果，售价比泰国便宜很多呢！

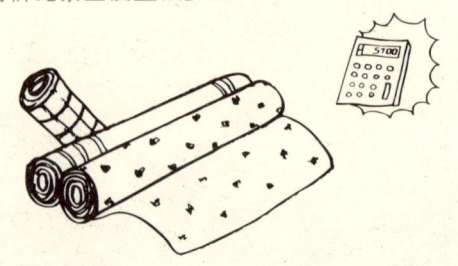

点点滴滴

不过在这一带买东西，难度会稍微高一点，因为大部分的老板都是大伯、大婶等级，就算比手画脚还是难以沟通价钱，我建议如果要来这里买东西，最好找个会韩文的人先帮你写好会用到的句子，然后把计算机带在身上，会大大地降低买卖时的烦恼，这样喜欢韩风的美女一定会逛得很开心。

再走过去一点是纽扣区，这里有全都是卖扣子的店家，也有些是卖饰品零配件的，可以买回去任意组合成胸针、链子或饰品等等，自己发挥创意。在这一带还可以遇到一些韩国的年轻设计师来采买材料，大多是大学生的年纪。上去二楼，大部分是卖布、丝绸或量身定做韩服的专卖店，这里卖布不像泰国以"公尺"为单位，而是以"码"为单位居多。

复古风二手市集

  在广藏市场与清溪川边钻够了大街小巷,以及在大楼里上上下下之后,接下来就会遇到不可忽视的二手市集。之所以会说不可忽视,是由于市集的样子看起来一点都不时尚,而且店面根本就没有经过设计装潢,感觉就像札都甲周末市集(译注:Jatujak Market 位于曼谷,号称全世界最大的市集)那样有些杂乱无章,大楼里的商家一摊连着一摊,衣服都是缠在一起挂上,或者堆成一堆,让人有点不知从何处着手。

  老板的样子就和这一带的气质极为符合,大多是大婶或阿婆的等级,而且好几个都超凶,绝对禁止拍照,我好不容易偷拍到几张,险些遇难啊!但是若将这些都抛在脑后,直接把重点放在衣服、包包与饰品上面的话,保证喜爱复古、二手与喜欢任意穿搭的美女们,一定会在这里买到得失心疯,因为有太多东西随你挑选,漂亮的衣服也很多,但是这一切的一切都要自己努力去逛、去翻、去挑,重点是,价格非常便宜,有些衣服如果换到日本或泰国的二手精品店里的话,售价铁定会翻好几倍。

全都是扣子

BUTTONS

东大门购物百货 Dongdaemun Shopping Complex

还有一栋百货公司不可错过，就是东大门购物百货（Dongdaemun Shopping Complex），与之连在一起的是东大门购物城（Dongdaemun Shopping Town），这一带全都是卖裁缝零件、扣子、丝绸、缎带等等，种类多到让人眼花缭乱。在百货后面的一楼店家是批发店，同样的东西比百货里的售价便宜许多。

我曾去逛过，里面衣服款式多，店家数也多，有些衣服的款式根本和伸展台上的模特儿穿得一模一样，一旁还摆上原品牌的商品照片供比较，让你看看他们做得有多像，唯一不像的就是布料而已，如果原本是丝绸布料，那么东大门购物百货卖的就是用雪纺布料，在这一点上有所差异。

清溪川周边还有很多市集，如果喜欢旧货、二手或是为了想挑到最喜欢的东西而打算耐心寻找的话，建议可以到清溪八街的黄鹤洞，这里是非常出名的二手市集，设有超过五百个摊位，想要什么二手货这里通通有，无论是衣服、电器、乐器甚至是家具，只不过你要有强大的耐力与眼力，才能寻找到下手的目标。

清溪川怎么去？

- 自清溪川开始，从清溪百货（Cheonggye Plaza）搭地铁一号线（Subway Line 1）蓝线，第202号站 钟阁站（Jonggak Station）。或是搭地铁二号线（Subway Line 2）绿线，第202号站乙支路入口站（Euljiro 1(il)-ga Station）。
- 前往广藏市场，搭乘地铁一号线（Subway Line 1）深蓝线，第129号站钟路五街站（Jongno 5(0)-ga Station）第七号和八号出口。
- 前往东大门购物百货，搭乘地铁四号线（Subway Line 4）水蓝线，第421号站东大门站（Dongdaemun Station）第八号出口。

125

点点滴滴

　　无论现代科技再怎么进步，只要一看到作者用手一笔一笔画上自己的创作，就会让我充满对艺术的感动。东大门购物百货门口墙壁上的广告，就是用手工绘制代替印刷输出，看着负责制作广告的阿伯聚精会神地对作品做最后修饰，我也不禁看得入神。

DIRECT SALE
这样也能卖？

有时候，喧扰吵闹也是一种魅力

　　韩国的地铁系统，是一种方便又快速的大众运输工具，可以让你在幅员广大、交通繁忙的首尔旅行时，依然能有效地掌控时间。而地铁上形形色色的社会样貌也不输其他国家，甚至可说有过之而无不及，因为车厢里除了人们因不断交谈而夹杂大音量的声音外，还有一套连直销都甘拜下风的售货方式，那就是在每一节车厢里，都会有专业的售货员在销售与示范各式商品。

　　商品大部分都很单纯，例如丝袜，销售员会示范丝袜的韧性，目标顾客则是女性族群，或是卖手套、雨伞、帽子，猜想他们的销售对象应该是以家庭主妇与高龄顾客为主。我注意到他们会因应产品的类型，将眼神聚焦在目标顾客群上，每一位售货员都有各自的销售绝招，攻势猛烈，从他们的大嗓门与激烈口气听来，就算我听不懂，但是他们夸张的动作，对午后搭乘火车的乘客们应该也有提振精神的效果。（高峰时间禁止贩售，应该是因为人潮太拥挤，不方便让售货员使出浑身解数吧！）

BE WARNING!
到韩国要注意！

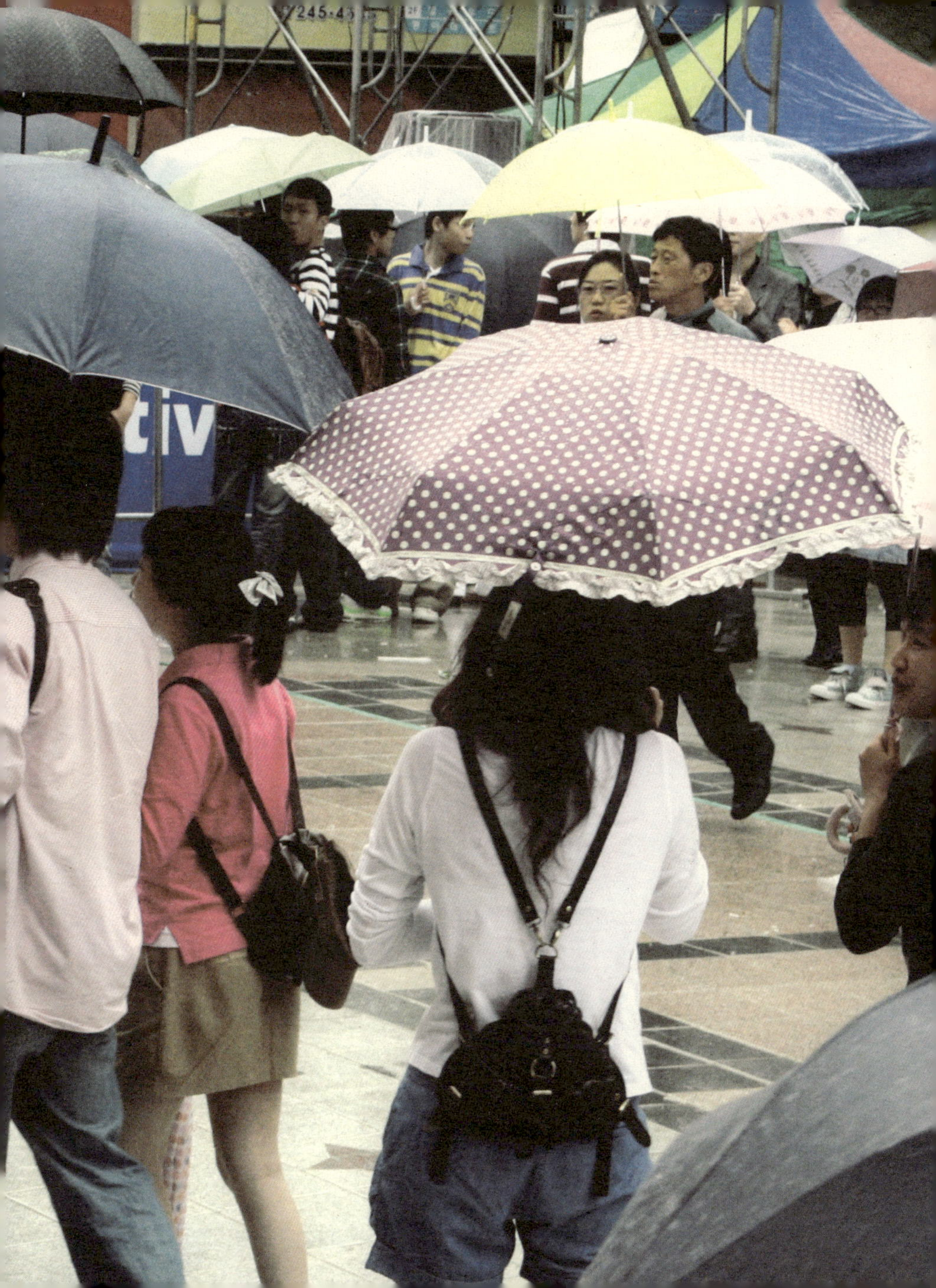

제비표 페인트
건축용. 공업용. 목공용. 인테리어 전제품. 바닥제 실리콘방수 및 코킹제
삼원상사 T,2267-3625,2265-0906 F,2268-7789
핸디코트
테라코트
황토
TEL. 2265
噢！一直被撞到><

注意！小心撞人与被人撞

　　不知道是因为人太多、路太窄，还是韩国人脚步太匆忙的关系，走路时经常会被人撞到，无论是在路上走得好好的、慢慢的、快步的，总之，随时都有机会被撞。

　　尤其是在血拼商业地带，无论年轻的、年老的、男的、女的，统统都有可能撞到你。就好像怕你逛街逛得太 High 了，这些人就是被派来让你收心而撞你的。或者在地铁站内，在运输高峰时间人潮汹涌的时候进出车厢，不管是进车厢或出车厢，一定都会被重重地撞到至少一次。

　　所以，无论你再怎么想疯狂逛街，也不要忘记留意看一下迎面而来的人潮，不然可能一不注意就会被撞得全身疼痛喔！

注意！小心餐具掉落发出噪音

韩国大部分的餐厅都是用不锈钢碗，大小类似泰国盛稀饭的碗（译注：大小类似中国吃白饭的碗），主要的进食工具有不锈钢材质的汤匙与筷子，但是尺寸似乎与饭碗不太合，对于不习惯使用的外国人来说太大了，所以对吃饭吃得太开心的人来说会造成问题，经常一不小心掉在桌上或地上，发出铿铿锵锵的噪音。

避免发出噪音的最好方式，就是在食用完毕或暂时不使用时，记得把汤匙与筷子放在盘子上。还有一点要注意，不可以把筷子插在饭上，韩国人对这点非常介意，因为很像祭拜往生者用的饭。

注意！搭白色计程车，心脏要够强

在韩国的计程车有三种颜色，第一种是普通的计程车，车身是白色，乘车起跳价是 1900 韩元。第二种是黑色，档次高一点，韩国人叫这种车是"模范计程车"，车型较大，车内空间较宽敞，司机的服务态度也比较好，乘车起跳价是 4500 韩元，果然是高档次的车型的价位。另外还有第三种，大型计程车，就像比较小型的厢型车一样，可以承载八人，因为车子够大可以放很多东西，所以也很适合行李大包小包、准备去机场的乘客，乘车起跳价一样是 4500 韩元。

搭乘白色计程车时要小心一点，因为司机开车容易横冲直撞、钻缝隙或超车，如果运气够好，也许能遇到不错的司机。另外，计程车有载客规定，一辆计程车可以载四位乘客，万一你搭乘时人数没坐满，依规定白色计程车可以沿路招揽和你同路的乘客。我曾经遇到一辆沿路不断停下询问路边有没有人要共乘的计程车，搞得我头晕脑涨，如果你很容易晕车，建议考虑搭乘高档次的黑色计程车比较好。

MILLIMETER | MILLIGRAM
韩国文具超可爱!

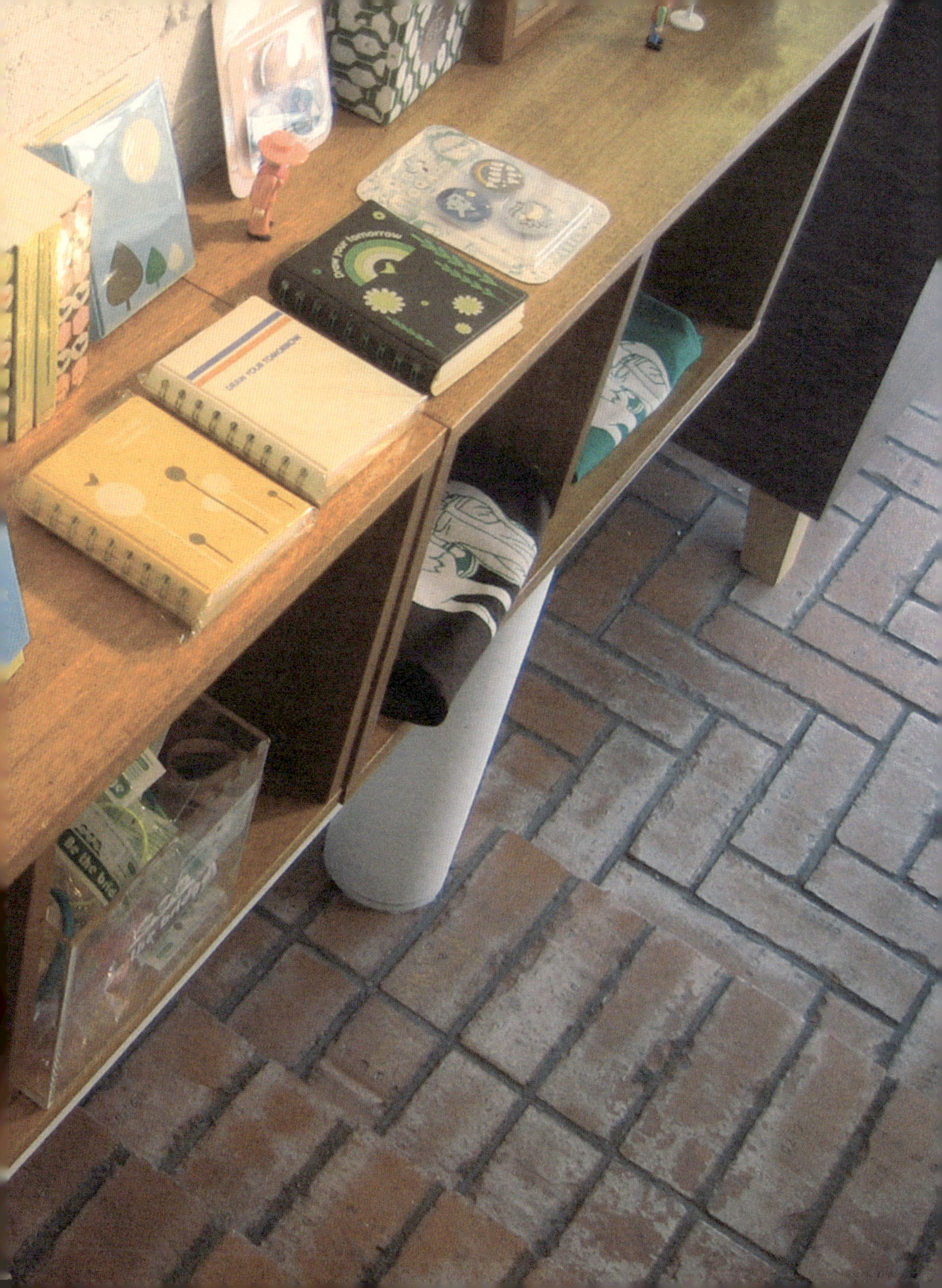
Draw your tomorrow

WE LOVE MMMG®

YES, W

일상속에
사용자기
그들의
사용자와
여러분

We named
and trying
When our
it become

Our devot
to add the
Thereby w

We are w

MMMG 发表于 1999 年的韩国文具品牌

　　来自 millimeter/milligram ，意指"留意小改变与真心诚意"（Mind the small differences and true hearted），事实上它（MMMG）可能不太希望自己被定义是文具店吧，只是这是我的解释。它对自己的定义是：通往未来的、兼顾设计与创新的日常生活用品专卖店，而顾客也可以参与其中的设计，让商品拥有自己的独特风格。不过我还是想称 MMMG 为文具品牌（希望它不要介意喔）。

　　MMMG 的产品众多，都是些平常会使用到的物品，如笔记本、铅笔、行事历手册等等，每一种都有许多样式，从小巧轻薄到大到搬不动的尺寸都有。MMMG 的独特创意在于每一本行事历上都不会预先印刷日期，甚至月历也一样，具通用性，不受时间限制，购买之后什么时候使用都可以，即使买了当年推出的商品不一定就非要在当年使用，优点是任何时候开始用都可以，随时想停止使用也行，店家也不用担心该年卖不完的产品会滞销，一旦变成通用品，抛开了限制，让双方都可以放心买卖。

笔记本也设计成"未完成品"的形式，不限制这一页一定要这样写，而是希望购买的人发挥创意，编写成自己的风格，因为它的设计理念，就是要让顾客在上头点缀自己专属的故事与色彩，店里也贩售用来装饰笔记的小物，例如每个月份的贴纸或短语等等，让你随性贴上，也蛮可爱的呢！

还有另外一个可爱之处：店家会展示样品来吸引注意，勾起顾客购买的欲望，例如记事本，就会有已经写好字、贴好贴纸的完成品，用满满的创意吸引你的眼睛，让人也想买回家做出像它那样可爱，却专属于自己的记事本。不过啊，真的买回家之后，又不敢像样品那样随性书写、改造，这就是它的计谋啊……要是意志不够坚定，保证不知不觉就带着它一起回家了。

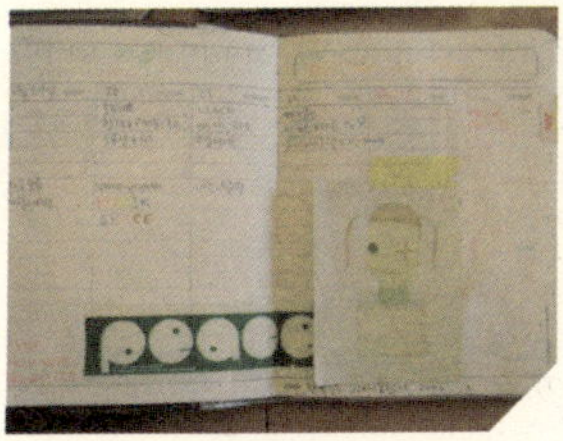

MILLIMETER
MILLIGRAM

MONEY
KEEPER
SAVE WATER
3 0 3 FRI DAY
class
class

3 TIMES A DAY
millimeter/milligram™

+ LOV

Bye-bye!

Don't worry
Be the hippie!

CYCLE
RECYCLE

KEEP
100% PURE

STEP

建议想去 MMMG "朝圣" 的人可以参考各分店的特色：位在安国 (Anguk) 的 MMMG 是总店，附设旗下新推出的咖啡店 MMMG café；狎鸥亭分店有许多进口的创意商品；仁寺洞的人人商场 (Ssamziegil) 分店商品种类齐全；而 N 首尔塔分店就有许多专为 N 首尔塔设计的特别纪念商品喔！

我个人最推荐的是明洞分店，交通方便，就在 Kosney 对面的街角，位在二楼，楼下是 By the Way 便利商店，很容易就找到了。这个分店的员工亲切又可爱，购买后还会送一个可爱的袋子，害我每次去韩国，荷包里的钞票都被 MMMG 吸走，看来以后去一定要先把心脏练得够强才行。

早晨的最爱
MMMG Café 热可可

MMMG®
CAFE & STORE

CRUSHED ICE

green tea crushed ice
red bean crushed ice

9000

MMMG Café

多亏了韩国地铁便利之赐，让我每天早上都可以到 MMMG café 享受热可可搭配烤饼。

头两次去韩国的时候，得知我最爱的 MMMG 开了咖啡馆，出国前便开始寻找资料，发现离我下榻的地方不远，而且交通非常方便，就在仁寺洞附近而已，于是就排了朝圣的行程，想说去喝杯咖啡，起初只是想坐一下尝鲜而已，后来却养成只要人在韩国，每天早上非来不可的习惯。

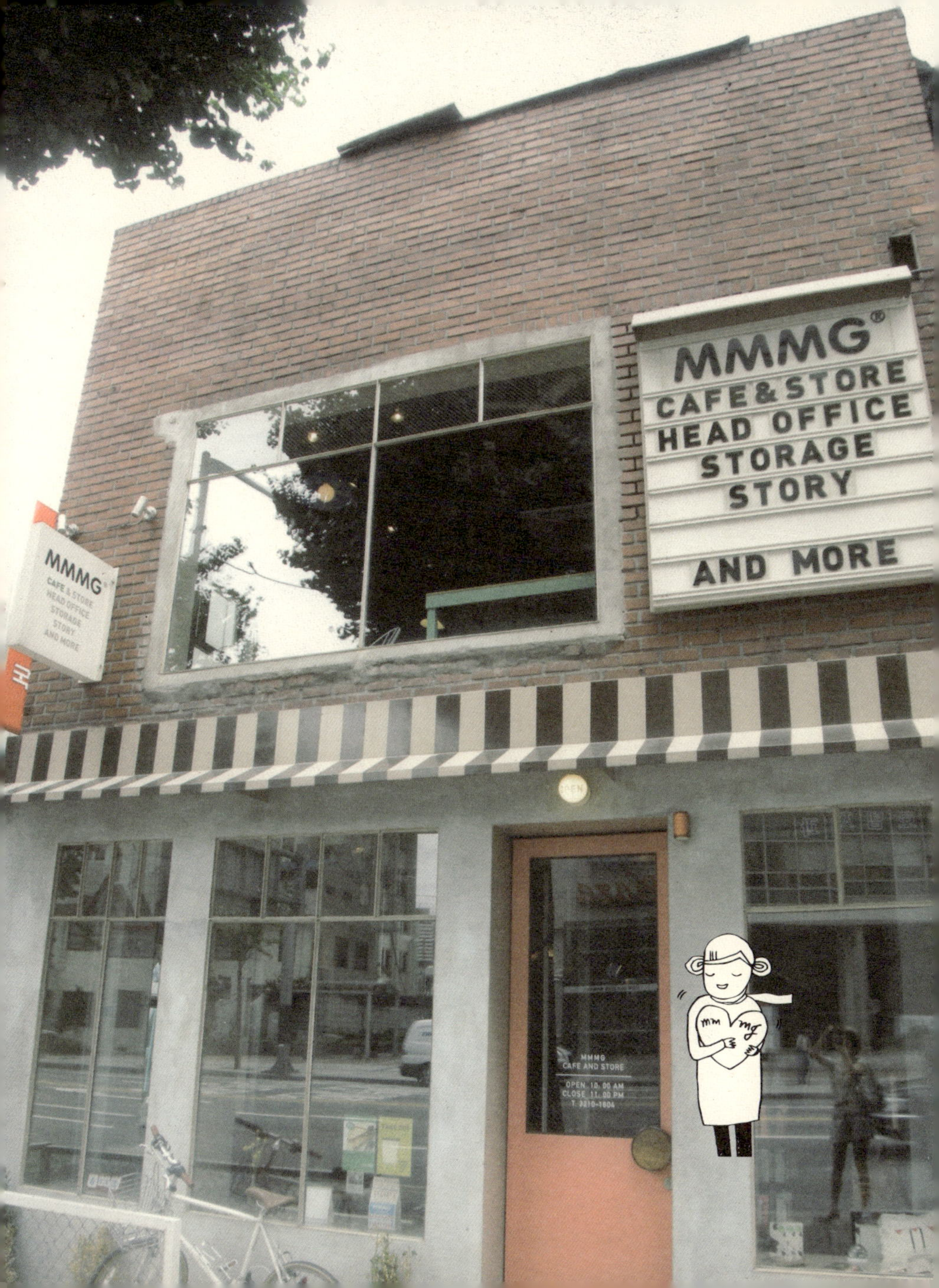
MMMG®
CAFE&STORE
HEAD OFFICE
STORAGE
STORY
AND MORE

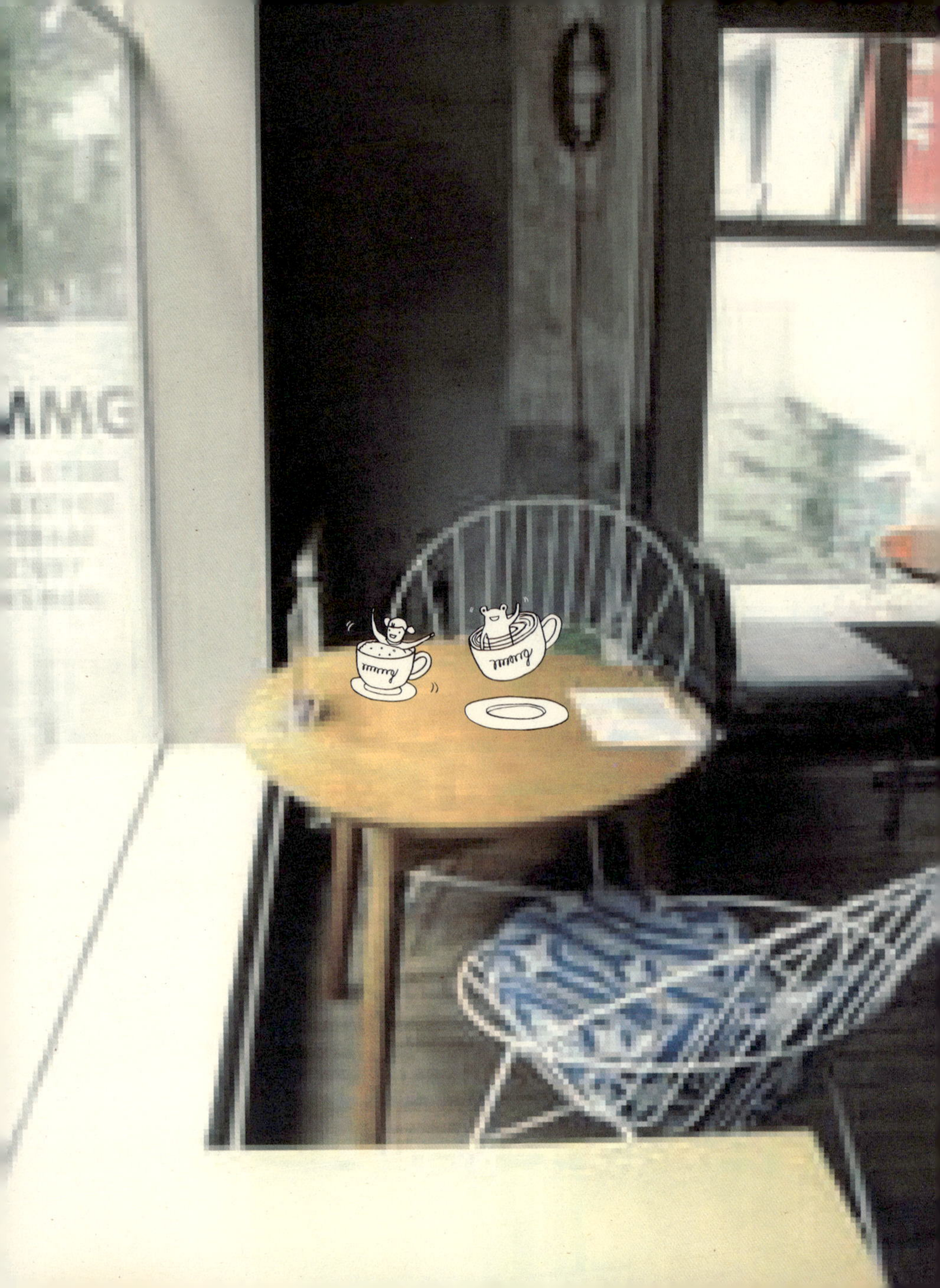

不是因为咖啡里加了什么迷药，而是 MMMG café 融合了舒适的气氛与一切赏心悦目的元素，这才是让我非来不可的罪魁祸首，光是看到店面的摆设就让我开始心痒了，打开门走进去，迎面而来的是复古的家具与气氛，特别是具有 MMMG 风格的平面线条装饰，好像正不断对你散发出亲切的微笑。

如果一早就来的话，可以任意挑选位子，尤其是星期天早上，整家店就像为你一个人而开门一样，宽敞又安静。我最喜欢的角落是内侧窗户旁的位置，因为椅子够大，坐得舒服，然后点一杯热可可，表面漂着一坨球状的奶油，撒上七彩糖霜，而且一定装在厚实的咖啡杯里，杯子正是他们所贩售的产品。

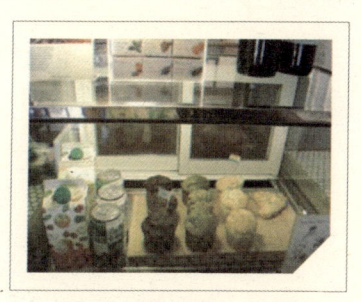

MMMG

millimeter milligram Inc
153 angukdong Jongnogu
Seoul, Korea
www.mmmg.net

至于搭配的点心，每次我都会做些不同的尝试，像是加了葡萄干与覆盆子果干的烤饼，有一种软软的香甜口感，如果是刚烤好时趁热享用，便能为接下来的一天拉开闪耀的序幕；或者是早安三明治，烤得刚刚好的吐司夹着火腿与融化的奶酪，搭配小块的酸黄瓜，吃起来一点都不腻。享受美好早餐的同时，一边听着从古董扬声器飘逸出的 Bossa Nova 音乐，还有什么比用美食拉开序幕的早晨更令人愉悦的呢！

　　吃完之后就到了巡视店内的时间，穿着 MMMG 制服的年轻店员欢迎你任意拍照，每天早上都以微笑迎接你的到来。MMMG café 还有商品区可以逛，肯定能满足你的视觉享受。坐在这里喝着装在他们家杯子里的咖啡，总觉得就是比自己在家里泡的好喝，难道是因为这里的杯子比较特别？于是就想把杯子买回家，倒进自己泡的咖啡，也许这样就可以和 MMMG café 的咖啡一样好喝。不用犹豫，因为那些杯子们已经在架子上排排站，等着被你带回家了。

　　走到二楼，除了有多种款式的桌子和椅子随你放松身心，还有一道神秘的门通往 MMMG 的总公司，里面是设计师创造出可爱商品的工作场所，如果还不过瘾，也可以带一杯冰沙进去参观一下也不赖喔！

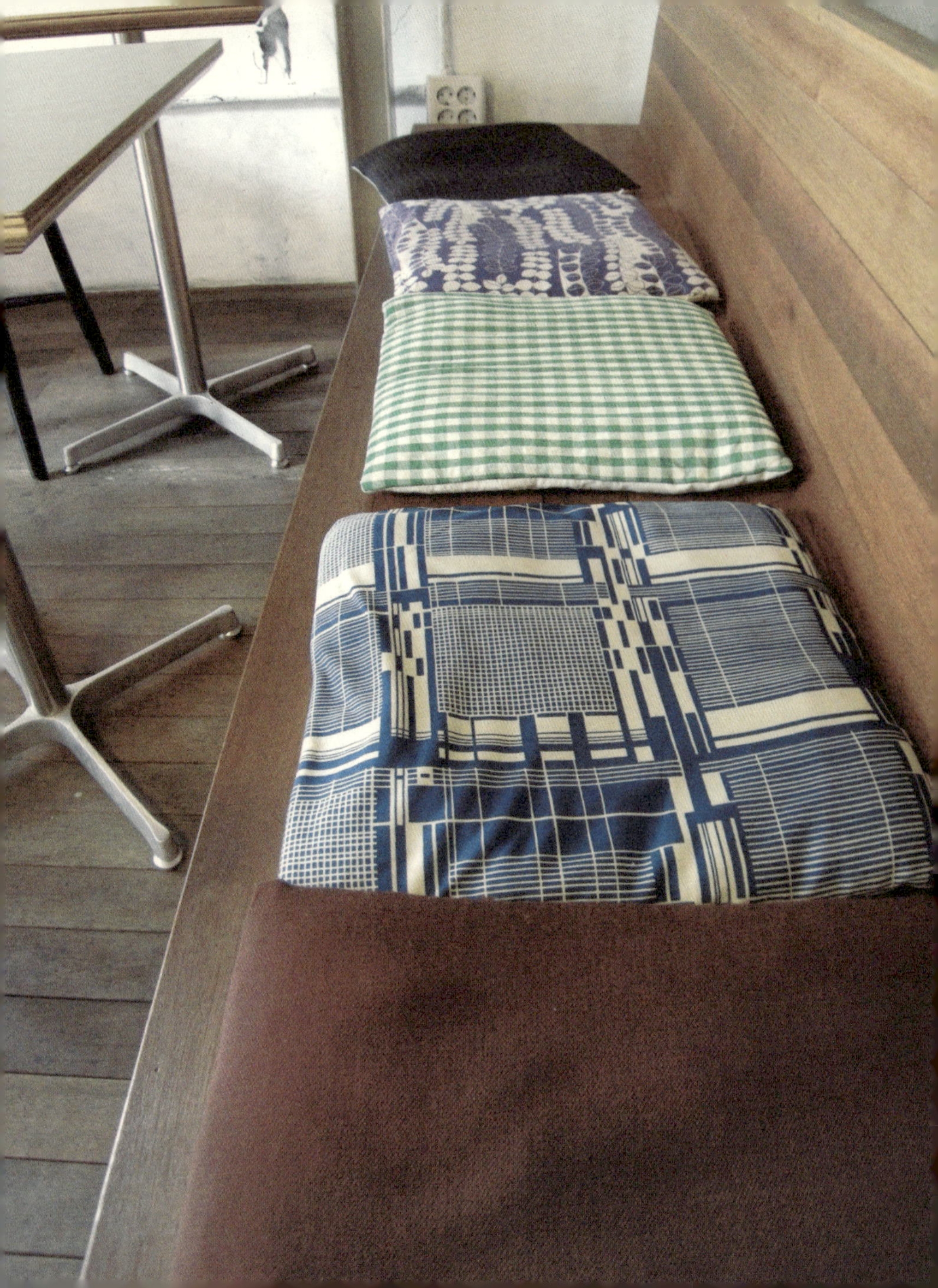

MMMG café 每一季都有不同的菜单，如果是秋季来造访，可别忘了试一下抹茶红豆雪花冰的冰凉滋味，香甜的滋味保证会让你跟着雪花冰一起融化！

> 每次来这里点饮料或甜点，店家都会用托盘帮你送餐点，附赠一个可爱的别针让你收藏；用来垫餐具的垫子和纸巾也都可爱到让人想一起带回家；有些甜点上面会插个印有MMMG字样的小旗子，也是不可错过的收藏品。

scone 司康

MMMG café 怎么去？

● 地铁三号线（Subway Line 3）橘线，第328号站安国站（Anguk Station）第一号出口（从出口出来再直走约两百公尺就会看到MMMG café 在街角）。

爱你，爱我

许多曾经历战乱、贫穷的国家，当一切混乱平息、准备迈向开放国家之时，当年的郁闷将转化为年轻一代开放的爱情，韩国也是如此。

　　在这里，可以看到年轻人对于表现爱情的举止都相当开放，但不至于肉麻到让人看不下去的程度，反而会觉得很温馨，例如男女朋友手牵手逛街算是非常稀松平常的，路上几乎每一对都会手牵手，搂着肩膀，甚至是穿情侣装，或同一个风格的服饰，再肉麻一点的就是坐在大腿上或亲吻脸颊。

　　不只是情侣才会表现出爱意与关心之举，就连朋友也会喔！路上经常看到女性朋友一起挽着手逛街，就连男性朋友也会搭着彼此的肩膀散步，这些都相当常见，当我看到人们如此由衷地表现出内在的真正情感时，都会觉得心里也跟着温暖了起来，明明天气就很冷，但人与人之间的热情却能打败冷气团，让人间处处有温暖，你说是吧？

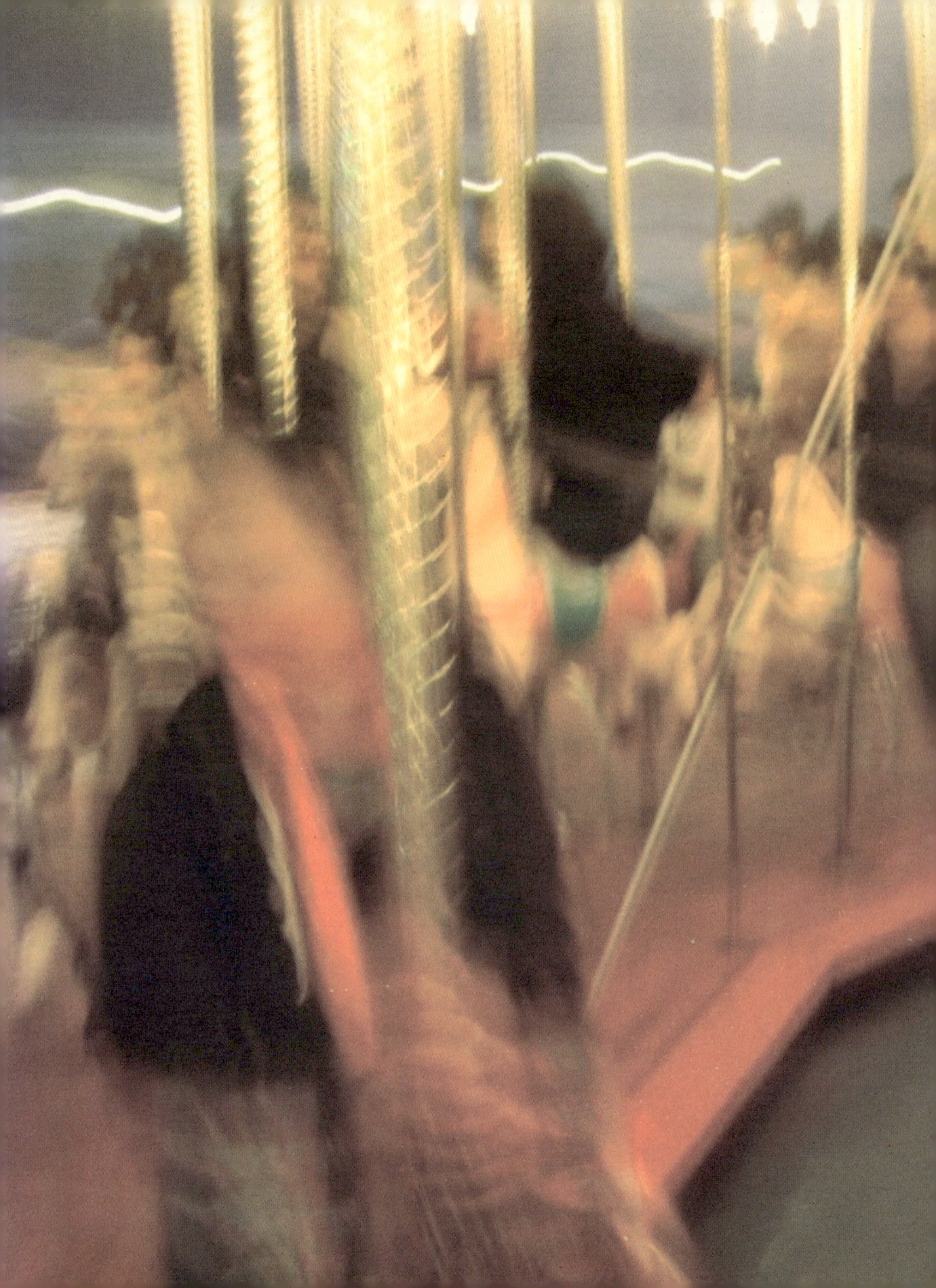

CAROUSEL
旋转木马

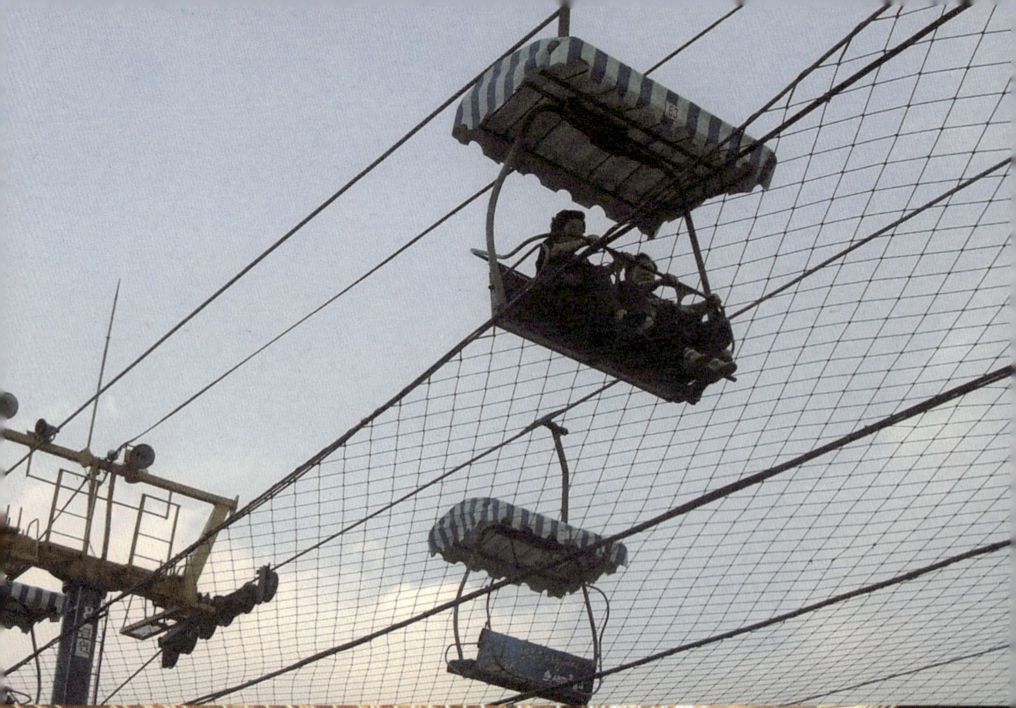

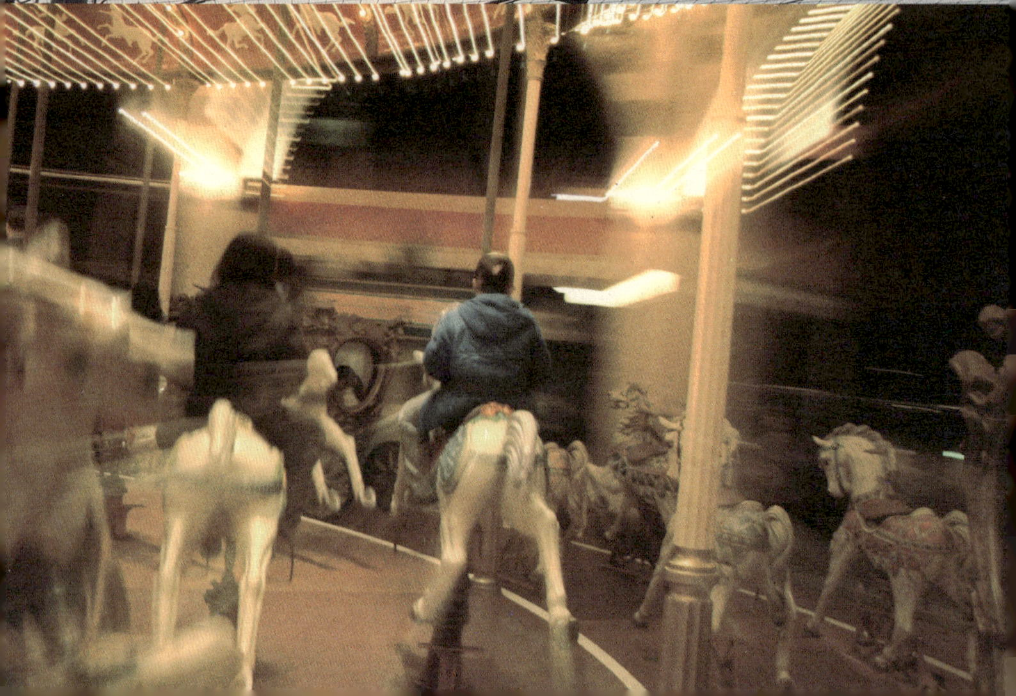

Lotte World 乐天世界

  韩剧迷每次看到剧里的男女主角去游乐园玩旋转木马时，在美美的镜头、浪漫的气氛下，都恨不得自己就是那个女主角对吧？戏剧中最受欢迎的旋转木马景点，就在乐天世界（Lotte World）啦！

  乐天世界拥有室内与室外的游乐场地，韩国年轻人也很喜欢来这里约会，有超人气的旋转木马和室内溜冰场（《浪漫满屋》也曾在此取景），室外也有很多刺激的游乐设施，周末时段来玩可要排队排很久。乐天世界还设有购物商场，可说是全方面的大型娱乐中心。

  我最喜欢在晚上搭乘乐天世界的缆车，缆车的路线能带你绕遍整个乐天世界，俯瞰下方所有的景点。选择在晚上搭乘，是因为有华丽的灯饰、狂欢嘉年华会的舞台灯光及烟火表演点亮了整座园区，如果这个时候有某个人跟你一起坐在缆车里观赏，铁定非常浪漫。

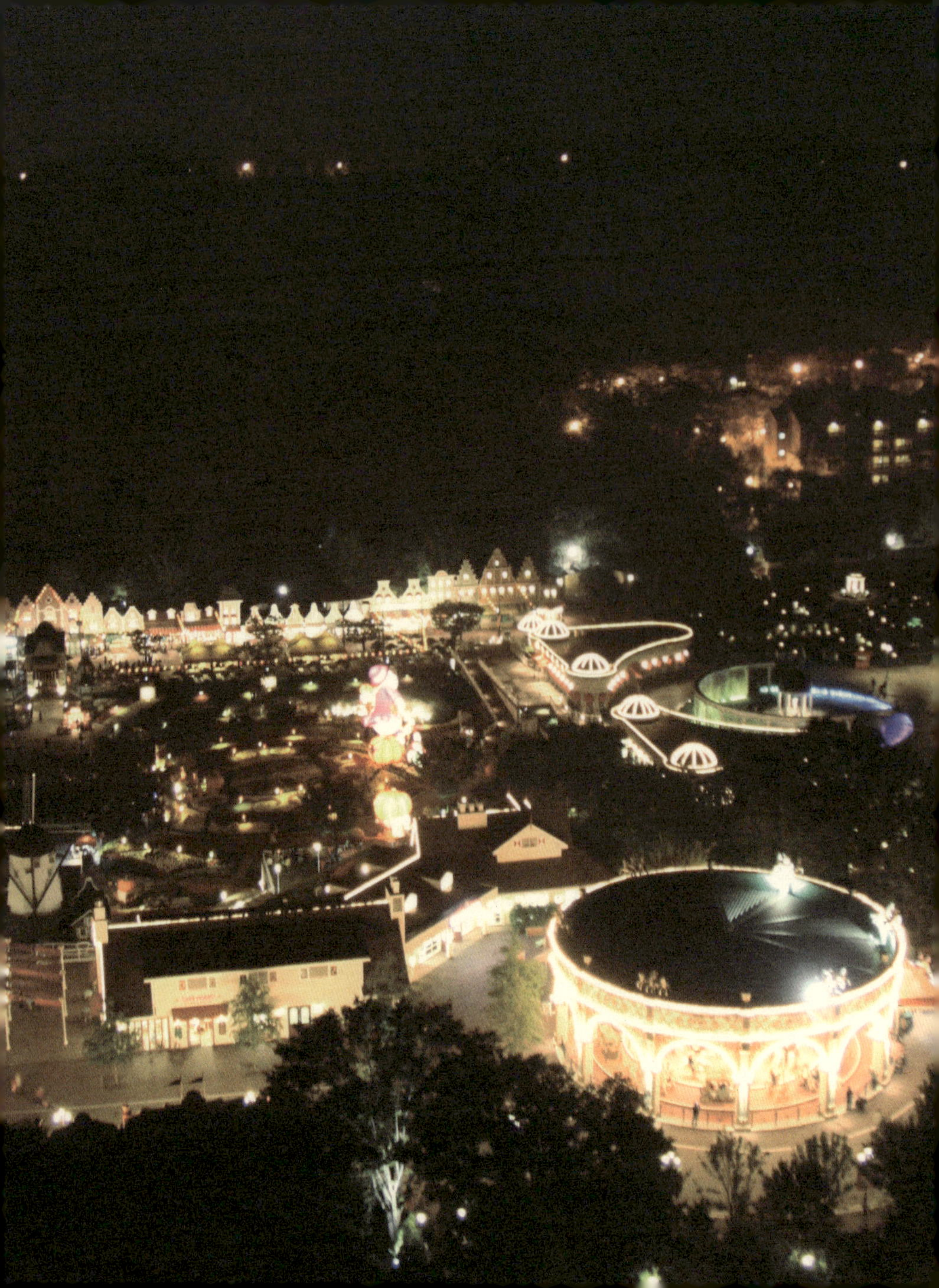

Everland 爱宝乐园

　　另一个不可错过的游乐园就是爱宝乐园（Everland）。这里距离首尔约一个小时车程，园内还有动物园，相较之下，我喜欢这里更胜于乐天世界，不只是因为占地比较大，游乐园的气氛也更丰富一些，尤其是入夜之后，园方会用灯光照亮整个爱宝乐园，让人有一种置身在童话世界中的错觉。这里的缆车会越过一座小山丘，眺望的景色更宽广，傍晚时刻搭乘，气氛特别好。

　　野生动物园区是我最喜欢的景点，游客可以搭乘游览车进入开放式的动物区，动物们不会被禁锢在笼子里；园区还训练熊熊们做一些表演（因为它们知道游客喜欢看，就会做一些可爱的动作，我不禁猜想应该是经过训练的吧），当游览车开过去的时候，熊熊们就会跑到车子旁边，有些还会站起来，可以近距离地看到熊脸，体型大得有点吓人，但还是很可爱。爱宝乐园还有狮虎（Liger），是狮子与老虎交配出来的动物，全世界数量极少，也是这里的明星动物之一。

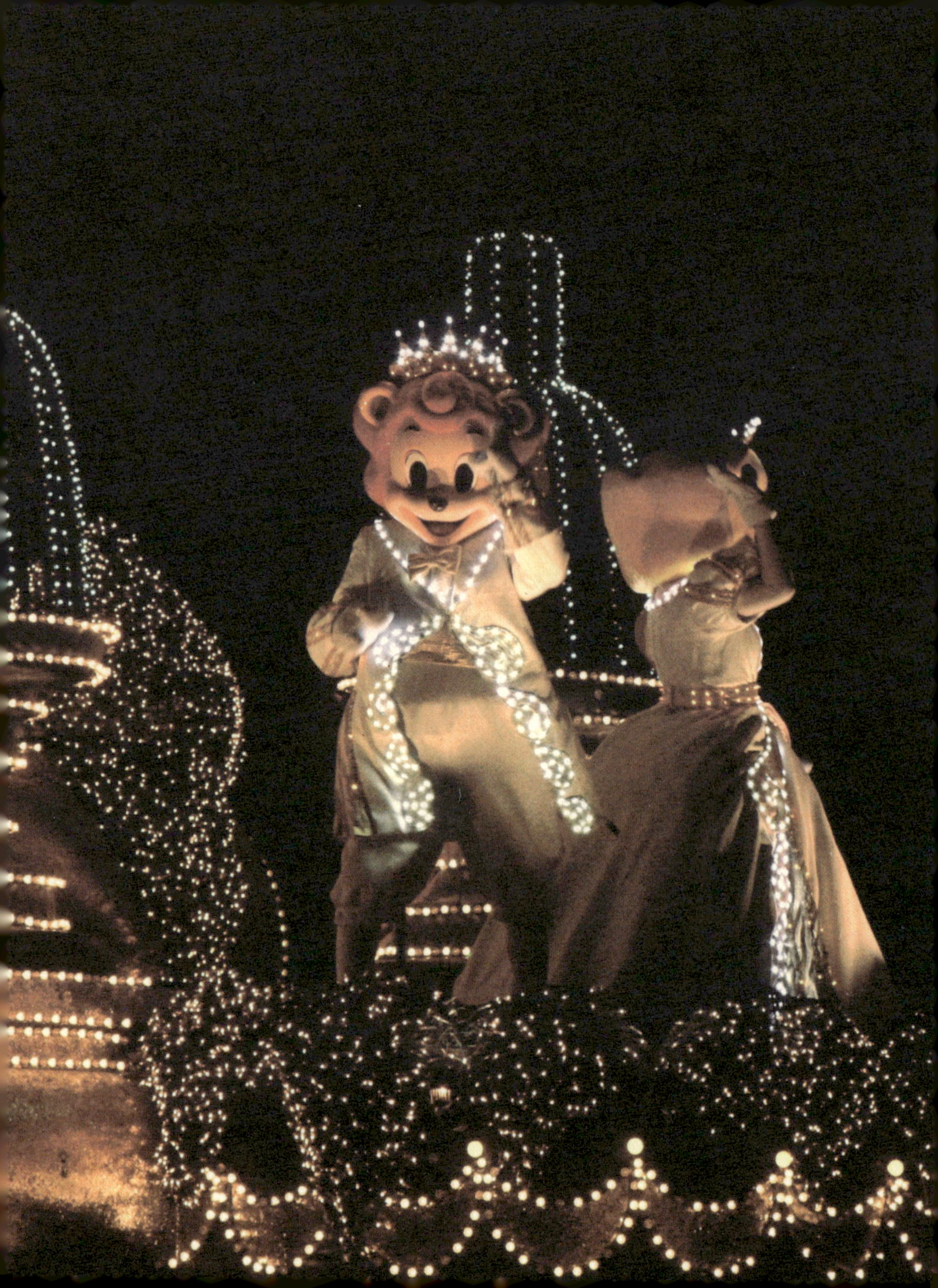

爱宝乐园的员工服装很可爱,无论是清洁员、接待员,就连控制游乐设施的员工,都穿上装扮过的服装、帽子、围巾等,有些人头上还戴了动物造型的耳朵呢!为爱宝乐园增添了不少娱乐色彩,他们也很欢迎游客合照喔!

坡州出版城 &
HEYRI 艺术村

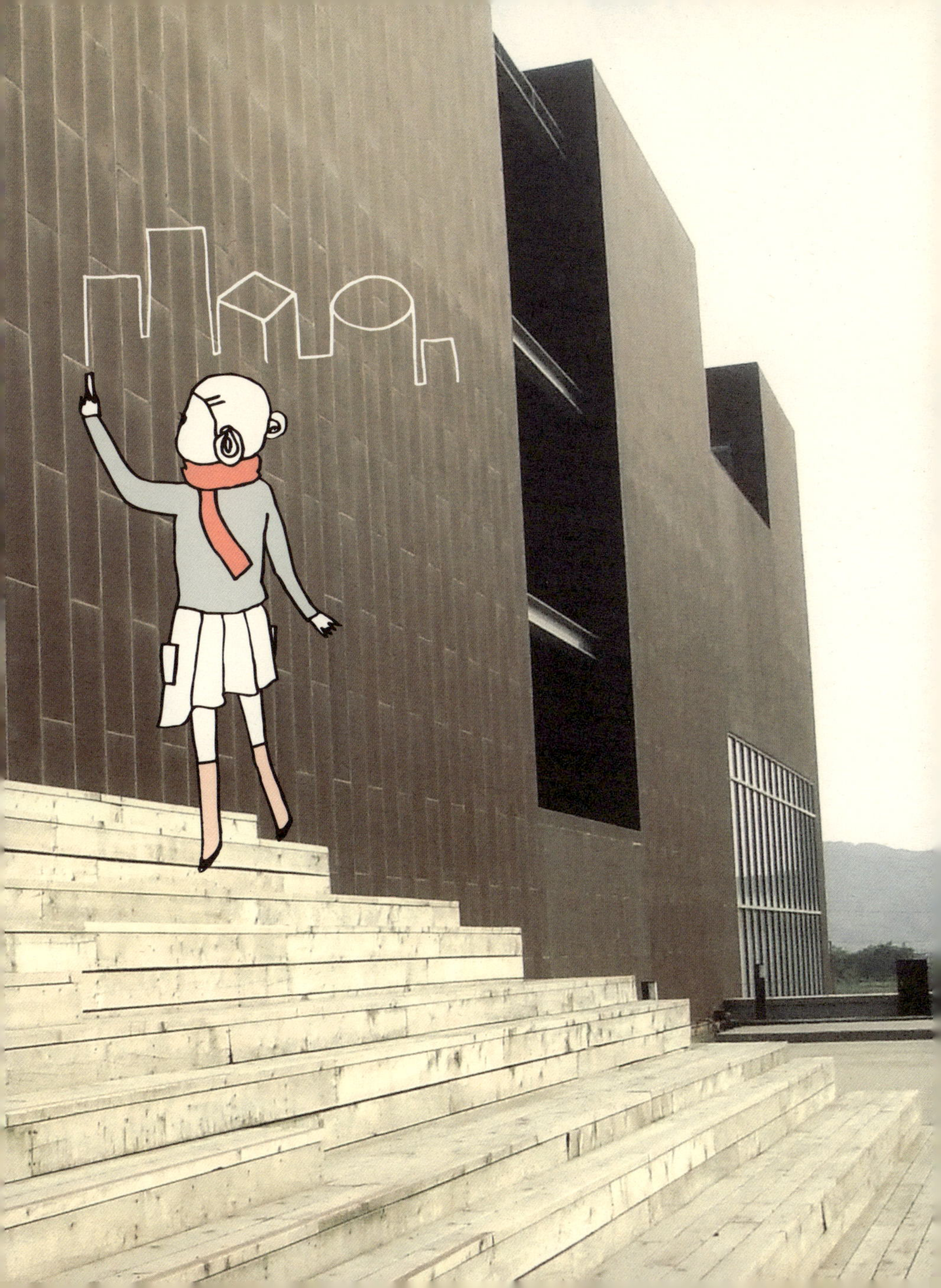

咖啡馆 café

杂志屋 magazine house

gallery studio 摄影画廊

design gallery 创意画廊

museum
博物馆

坡州出版城 Paju Book City

在首尔逛街逛累了，坐车到郊外走走吧！

坡州市（Paju）位于朝鲜与韩国相接的界线上，在朝鲜半岛的中间位置，是韩国非常重要的一个城市。从市区出发，车程约四十五分钟，沿路都可以欣赏到汉江的景色，接着才变成两旁一棵接一棵的大树护送你进入"坡州出版城"（PAJU BOOK CITY）。

到这里之后看到非常现代化的建筑物时可别太过惊讶，以为来到了从建筑师设计稿里跳出来的建筑作品，或是未来感建筑的模型世界。

事实上，坡州出版城是为了发展韩国出版工业所建立的城市，希望成为世界的印刷中心，这项计划起始于1989年，将全韩国与印刷和出版相关的公司全部集中到这里，无论是出版社、印刷厂还是造纸厂，代理销售及运输物流，还包括图书馆（尤其是针对青少年与儿童的出版品，这里有整栋都收藏童书的图书馆）、书店、教育中心、博物馆甚至是戏院和饭店。

hello!
哈啰

由于出版业拥有"团结力量大"的优良理念,才能将生产与印刷产业全集中在一起,其中一个原因就是为了拥有与其他企业商议的条件(尤其是造纸业,这可是出版业的最重要的成本之一),可以使书籍的成本下降,对读者来说也是一大福音,可以读到优质好书,价格也不昂贵。

HEYRI 艺术村 Heyri Art Valley

从坡州出版城继续坐车十五分钟,来到 HEYRI 艺术村(HEYRI ART VALLEY),这里是预计发展朝鲜与韩国的界线城市的计划用地,希望将这里变成充满梦想、给人动力的一个地方。最初是将这里规划成图书村,作为延续坡州出版城的发展计划,结果发展到后来开始有作家、艺术家、导演或音乐人在此聚集,图书村反而演变成艺术村。这里的建筑就和坡州出版城一样,都是非常现代化的建筑与建材。

HEYRI 艺术村里充满了许多摄影画廊,可以任你选择喜欢的风格与艺术家,大部分作品都出自韩籍艺术家的创意。也有不少结合多项艺术活动的画廊,像是 The Chocolate-Design Gallery,楼下是专门卖巧克力的复合式咖啡馆,二楼展示各式各样的巧克力作品,顶楼则是专门为真正的巧克力迷举办的巧克力工坊;此外还有历史博物馆,通过各种媒体和创作品展现出时光倒流的氛围,包括电影、音乐、动漫画与玩具;也有展示异国文化的博物馆,例如民间器具博物馆(Folk Instrument Museum)集合了来自各国如日本、非洲等地的古代民间器具等等;当然还少不了书店、复古玩具店,以及随处可见的精致咖啡馆。

　　每间咖啡馆都各有特色,如杂志屋(Magazine House)就充满了来自世界各地的杂志,可以一边喝咖啡一边翻阅;Book café Bandi 咖啡馆非常漂亮,地上三层楼外墙造形是以圆形图案包覆着木材,据说内藏四千多本书,楼下是咖啡座,地下室是展示艺术品的画廊;还有 Book House,主题与 Book café Bandi 很像,都是咖啡馆结合书店与画廊,建筑物本身有两层楼,但造形很特别,是长条形很像自由形态的建筑。

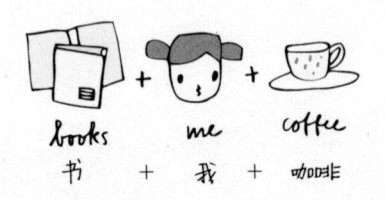

books + me + coffee
书 + 我 + 咖啡

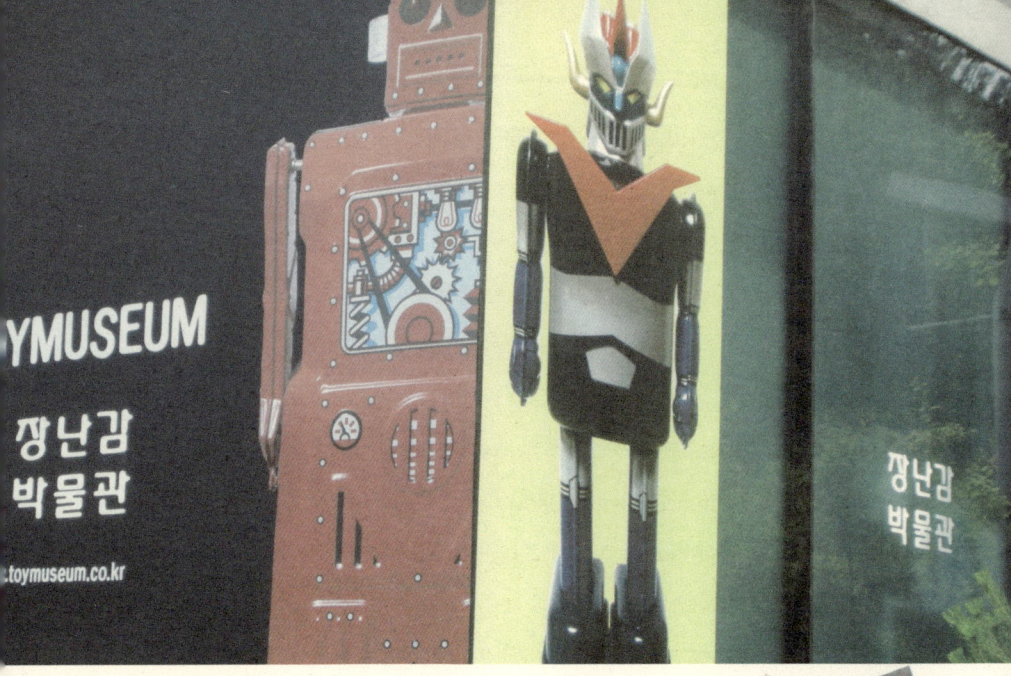

YMUSEUM
장난감
박물관
.toymuseum.co.kr

장난감
박물관

the
chocolate
design gallery

Camerita Music Hall 则隐身在原色水泥建筑里，而且还把播音器藏起来，让你误以为正在播放的音乐是从墙壁的缝隙里发出来的，坐在里面时会有一种坐在专属于你一人的音乐厅里的错觉。这间咖啡馆特别到连 Wallpaper 杂志都曾来采访介绍，被评选为韩国最炫的咖啡馆。

建议想来这里参观，最好挑周六、周日前来，可以看到比平日更明显的人气，就连韩国人假日也很喜欢来这里玩。有次我在平日来到这里，安静得吓人，询问韩国朋友为什么可以安静成这个样子，明明就是个非常好的景点，有很多地方可以浏览、可以参观，朋友说因为距离市区比较远，开车要比较久，但是如果有办活动或嘉年华会的话，就会变得热闹无比。出版城和艺术村这两个景点，都是韩国学生的户外教学地点之一。

坡州出版城与 HEYRI 艺术村的景点之间距离都相当远，若是不喜欢走路的人，这里有单车可以出租。来这里玩的时候，记得把太阳眼镜与帽子随身带着，因为太阳非常猛烈，而树木还来不及长到能给人遮阳，但也有一个优点，你可以一览无遗地欣赏到壮观的建筑群正与城市里不容易见到的蓝天白云交相辉映。

●前往坡州出版城与 HEYRI 艺术村不难，有很多路线可以走，但是建议到合井站（Hapjeong Station）（二号线、六号线）转乘巴士，第二号出口出来就是巴士站牌，注意 200 与 2200 路巴士，每十五分钟发一班车，直接坐到坡州出版城，然后再到 HEYRI 艺术村，回程也是这样搭车。建议先到 www.kobus.co.kr 查询发车时刻，才可以估计回首尔的时间。

Kyobo Book 教保文库

　　韩国有很多品牌的书店任你选择，在各个区域如血拼区或商业区都可以找得到，小的、大的或提供专业书籍的书店都有，例如在弘益大学一带，就会有艺术与创意相关书籍的主题书店，而我想要推荐的，是爱看韩剧的影迷一定都很熟悉的书店场景，大部分都是取景自教保文库的光化门分店。

　　教保文库可说是韩国最大型且最受欢迎的连锁书店之一，从地铁五号线（Subway Line 5）紫线的光化门站（Kwanghwamun Station）第三号出口出来就可以看到了。这间书店真的大得夸张，人潮也很多，提供各类书籍与杂志。韩国朋友告诉我，韩国人之所以不用多厉害的英文程度就能念到博士毕业，是因为他们有韩译版的各类教科书与好的翻译书的缘故。

　　书店里的杂志区也很令人惊叹，种类丰富到让人眼睛一亮，几乎所有进口杂志都有韩译版，像是 *Vogue* 在韩国甚至有两个版本：*Vogue* 和 *Vogue Girl*，这还没算到其他更多知名的国际杂志，连我这个看不懂韩文的人，看着韩译版的进口杂志都不禁兴奋了起来，因为整体质感真是太棒了。

　　这间教保文库的另外一种魅力，在于它集结了韩国所有品牌的文具，依照风格分类，不管你喜欢谁的风格，都可以放在购物篮内选为己有。

VOYAGE
AGRÉABLE

COMME AVANT,
SUR UN NUAG-

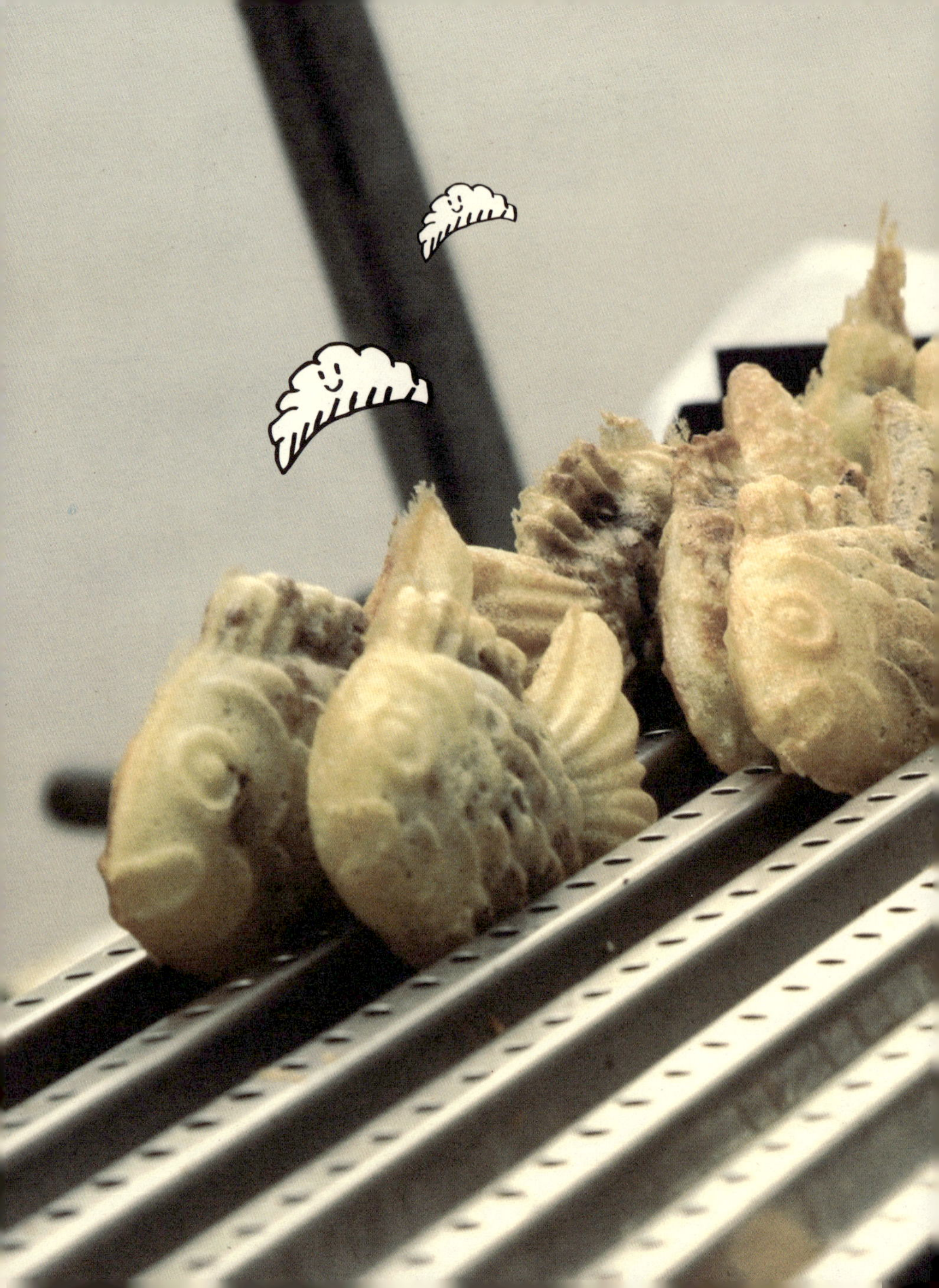

FOOD!
韩国美食！

地道韩国美味

엿 麦芽糖
yeot

꿀타래 龙须糖
kkul-ta-lae

　　该道甜品是用面粉做成一条一条的丝，包裹着花生或杏仁，冰过后再吃更美味，带有微微的甜味和坚果的香气。

핫도그 石锅拌饭
Bibimbap

붕어빵 鲷鱼烧
bung-ao-bbang

　　包着红豆馅的鲷鱼烧。天气冷的时候，一定要来一只鲷鱼啊！

超赞的韩国小吃

국화빵 菊花面包
kuk-hwa-bang

길거리 과일 水果摊
(윗쪽은 체리 아래쪽은 산딸기)

到了夏季，就是樱桃与覆盆子被装在纸杯里的季节。

어묵 鱼板
ao-muk, odeng

단우자·김치
腌萝卜·泡菜

dan-mu-zi 与泡菜是标准的配菜，每一餐都会遇到的伙伴。

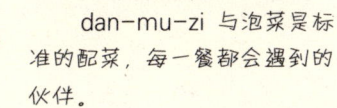

热乎乎的最好吃

뽑기 麦芽糖饼
bbop-gi

호떡 韩式糖饼
ho-teok

属于冬季的甜品,圆形煎饼内包了砂糖,热乎乎地吃非常美味,可以让身体暖和起来,但是要先冒着寒风排长长的队伍。

떡볶이 炒年糕
tteok-bok-gi

고기만두 包肉煎饺
go gi mandu

一种煎饺,外皮非常有嚼劲,内有甘甜的汤汁,滋味好极了。

순대

5마리만원부

OK!

我经常用天气来表达心情……

每次天色始灰，乌云汇聚，开始刮起数秒后铁定会下雨的风，前一秒我才刚说出"天气真好"，总是会从天空的表情里读出"这种天气叫好吗？"的趣味。我个人很喜欢这种天气，喜欢这种"幽幽的灰色"的感觉，尤其是越接近下雨的时候心情特别好，可以集中注意力来思考一些事情，写点文章或从咖啡馆内观看外面的人群，精神出奇的好，好到不知道该如何形容。

凑巧秋风也把我吹向韩国，呼吸那里清爽的空气。正准备将绿衣褪去换成红衣的叶子，对西风的来访表示欢迎之意，也把在韩国收集的满满感动带回来送给大家。

有人问过我，为什么喜欢去同一个地方玩，不会无聊吗？对啊，不会觉得无聊吗？我回答："一点都不会无聊。"就好像你喜欢吃某种甜品，吃的时候会很开心，于是想一而再、再而三地回味；如果是你喜欢的地方，充满欢乐与感动，就会吸引你想一而再、再而三地造访，乐趣就在于去的虽是同一个地方，但每次造访都有不同的惊奇，让你惊喜连连……咦，这家是什么时候来过的？那一家呢，上次来没有看到啊，说完就马上杀进去更新一下自己的首尔资料库，看看这段时间到底出现了哪几家新的店铺，兴奋地去打个招呼。

想更贴近韩国一点吗？让我带你去走一走，就从具有艺术气息与好喝咖啡的弘益艺术大学一带开始吧！

SPRING COME, RAIN FALL &
autumn in my heart
春风去秋雨来
秋日童话

o-Check Design Graphic 环保文具店

因为被门口玻璃上贴的"创意畅货中心（Design Outlet）"的贴纸给吸引进去，结果却在这里遇到了童年的氛围——晒着暖暖的午后阳光，与同学一起跳橡皮筋，附近足球场上，暗恋的学长正在那边踢球。

一种想念"小情人"（译注：*My Girl*，泰国温情电影）的情怀在店内被唤醒，这是 O-Check Design Graphic 故意制造的气氛，厚厚布质封面的日记本、淡淡的米色纸，或是世界景点的明信片，若碰巧是自己去过的景点，也许会带你回到曾经在那个地方发生的故事场景中。店内的装饰不多却刚刚好，暖暖的阳光透过门前的透明玻璃，映射在木质地板和橱柜上，复古的温润木桌，更让室温回暖了好几度，不时还能感受到巴黎的温度潜藏在充满创意的作品之中。想更贴近韩国一点吗？让我带你去走一走，就从具有艺术气息与好喝咖啡的弘益艺术大学一带开始吧！

点点滴滴

现在韩国非常风靡环保材质的产品，对环境友善的环保文具成了书房里的主角，市面上出现很多好用的产品，到处都可以买得到。O-check Design Graphic 也是参与这股环保风尚的品牌，使用环保素材的纸与布料，或是新生代品牌如 Eco Bridge 也来势汹汹，全套的文具上绘制了带着自然奇趣的图画，还有用纸制造笔身的铅笔，笔尖钝了只要把纸撕掉一圈即可，我很喜欢这样可爱的产品，感觉自己因为使用了这些小物而参与到一点点保护地球的行动。

Cupcake Café Mayjune

　　0-Check Design Graphic 再过去一点,有一家纸杯蛋糕店 Cupcake Café Mayjune,小小的店面贩售着小小的蛋糕,可以选择坐在店门口吃,也可以边走边吃,同样美味却别有情趣。

Venus Kitchen

　　当你认识了一个人,就会想更进一步认识对方,部分原因也许是出于我们使用同一种语言,这里所谓的共同语言,指的不是讲话用的语言,而是透过周围各种物品所表达出来的,正如 Venus Kitchen 透过当代风格表达出他们的语言——透过我喜爱的斯堪的纳维亚(Skandinavien)式陶瓷器具和家具、Groovy Sound 的音乐、木质地板与水泥墙、布料上的花纹、花瓶中色泽甜美的花朵,还透过调味得宜的复合式韩国美食,无论韩式拌饭还是紫菜饭卷,口味刚好不至于太重,也有意大利面喔(服务生是个韩国美女,她推荐 Myung-ran 意大利面,是该店的招牌菜,一种白酱意大利面)。

　　另外一个制造现代气息的特点,就是服务生与厨师,一转头就会看到他们,全都是带着青春气息的年轻男女,透过厨房出菜口望去,可以看见帅哥厨师做料理时一派从容的姿态;一阵阵飘来的美食香气激起了食欲,振奋了胃酸随着音乐一同起舞了。

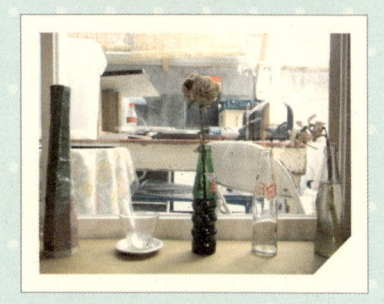

Venus Kitchen 于 2009 年开业，之前是气氛超酷炫的花店，但没有卖花，而是以一半 PUB、一半餐厅的形式经营。店内的装潢是以铁皮涂上天蓝色的油漆，加上木质窗框与闪闪发亮的马赛克拼贴，后来变成 PUB，然后才变成现在的 Venus Kitchen，提供早午餐到晚餐，入夜之后摇身变成安静的 PUB，在这条小小的巷子里展现出"花店"的另一种形态。

　　还有一点也很特别，从巷口到店外的整面墙壁，到处都有各种涂鸦壁画，也是另一种视觉飨宴。

Café 1010 旅行主题咖啡馆

　　正因为这个世界很大，窗外还有很多很多新奇的事物等着你，Café 1010 就是这样一间支持你出走旅行、去发现眼前的新鲜事物的咖啡馆。当我站在店门口的红色货柜前，穿着船长服的可爱接待员会带着微笑欢迎你到店内旅行。

　　Café 1010 甫于 2010 年开幕，是从韩国大型的购物网站（www.10x10.co.kr）分支出来的咖啡馆，以红色与白色为主题的装饰非常可爱，每个小角落都藏有许多细节，桌上的透明玻璃下面放了来自各地的纸张和网站上贩售的商品，以及来自其他城市如巴黎、伦敦、东京、纽约与曼谷的纪念商品，摆放在架子上、桌子上的，都是经过细心设计的呈现角度。

这家店的点餐方式非常别出心裁：在柜台点餐或饮料，店员会给你一张像机票一样的收据和领取餐点用的灯牌，当灯牌亮起红光时就可以去领餐了；如果你点的是甜点套餐，还会随餐附赠一套玩具。

我最喜欢的就是他们的集点护照，可以写下你来访的记录，集满两万里程就可以兑换一张免费餐券；集点护照还有些空白处让你写一些记事，检视你每一次旅行的情绪。

去过许多家咖啡馆，就属 Café 1010 的客人坐得最不安稳，不是因为这家店采取自助式消费的原因，而是店内的种种可爱细节，会让人想一下子走去看这边，下一刻又想去看一下那边，把玩一下装饰品。每位顾客也都随身带着必备武器：相机，尽情拍个过瘾后，货柜内还有贩售商品区随你逛。

1-2-3!
cheeseeee.....

弘大学生的画布

　　进入购物街"西桥路"（Seogyoro）的墙壁，是点缀弘益大学一带的色彩之一，墙上画满了酷炫的涂鸦，有时也会画上主攻年轻人的商品广告，这里最炫的一点是，每次都是以手工方式重新画过，而不是用印刷覆盖原来的涂鸦。

Romiwa Vintage 复古服饰专卖店

上次来这一带的 Obok Gil 路，看到几间店还关着等待装修，这次来就看到全都开始闹哄哄地开始营业了，而且好几间是走的复古路线呢！

眼前这间粉红色的店，以浓浓的复古风格与怀旧气氛迎接你的到来，店里挂着"粉室"（Powder Room，客用化妆室、补妆室）的牌子，令人不禁想起上个年代的服装设计店。

Romiwa Vintage 还有贩售五十到八十年代的复古二手服装，除了装潢色彩鲜艳之外，装饰也很绚丽，符合现代人的喜好，即使是二手物品也都整理得干干净净，整个空间充满了可爱的元素，让人忍不住想穿梭时光，一起当个复古女孩。

看到手上小纸袋里的黄色洋装后，我才发现 Romiwa Vintage 的特别之处，就在架上的一本小书里，乍看之下还以为是装饰品，若没有打开来看，根本不知道 Romiwa Vintage 的主人是 Lee Yumi，她有另一个大家耳熟能详的名字：Romi（我猜想她是韩国的时尚名人之一吧）。Romi 小姐曾出书发表关于自己喜爱复古风格的故事，后来便出现这间 Romiwa Vintage。除这家实体店面之外，还有专属的购物网，韩国曾有多本杂志推荐，理由正是 Romi 小姐安排的亲切气氛，我想她本人的可爱程度一定不输给她擅长的可爱装饰。

点点滴滴

我去的那一天在店里遇到一位打扮妖艳的阿姨，我猜她年轻时一定也是辣妹一个。阿姨非常可爱，面带笑容地亲切招呼顾客，也许店里的衣服除了Romi小姐的，也夹杂了阿姨的衣服在其中喔！

MAP

Hongik

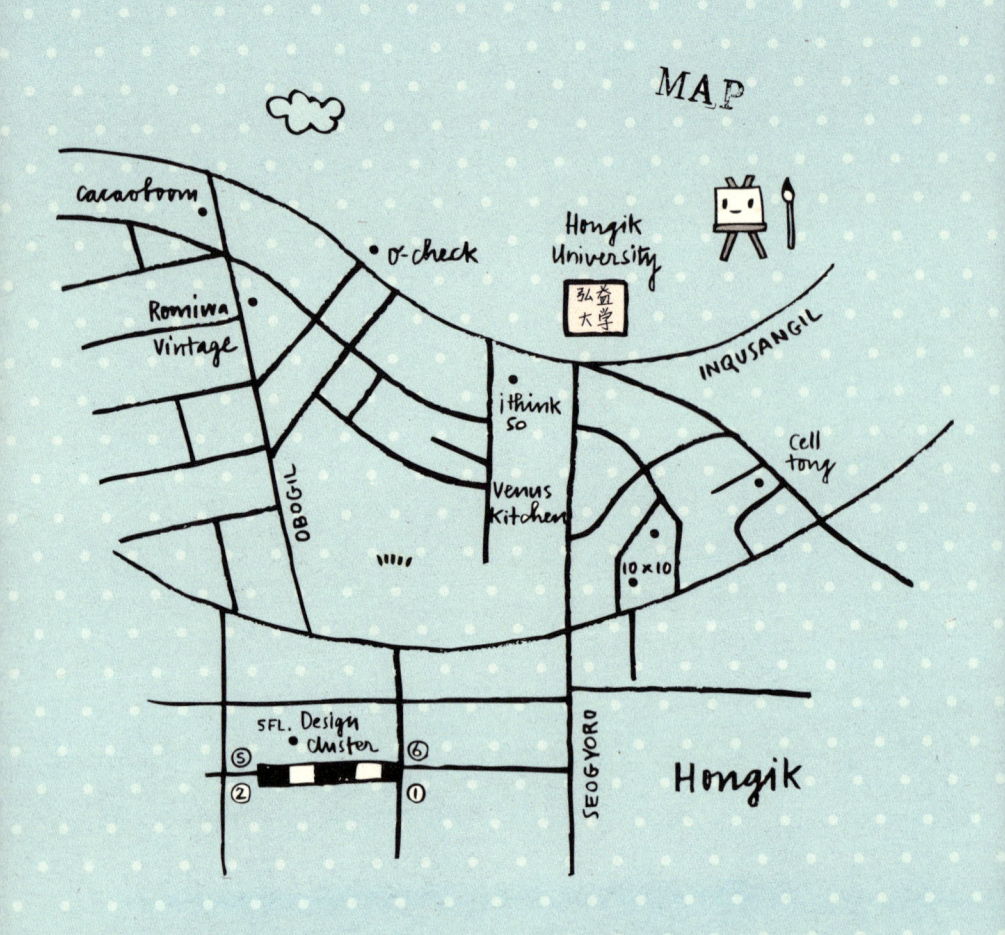

弘益大学怎么去？

● 地铁二号线（Subway Line 2）绿线，第 239 号弘益大学站（Hongik University Station）第六号出口。

SAMCHEONG-DONG
三清洞・游皇宫・喝茶

景福宫 Gyeongbokgung

　　景福宫（Gyeongbokgung）是必去的景点之一，名列韩国旅行一定要造访的景点前几名，无论是自助旅行或跟团，至少都会去参观一次，不然就像没有去过韩国一样，尤其是在景福宫前拍照，或与守门的军人来张合照，是去过的旅客都会做的事。

　　虽然景福宫古时的宏伟壮观已被破坏，但经过整修后已非常接近原来的样貌。除了边散步边欣赏韩国的古代建筑之外，我更喜欢景福宫内的庭园，管理人员非常用心地照顾树木花草，打造成一座漂亮宁静的园林，下次来这里，和景福宫前的军人打完招呼后，不妨走到后面的庭园继续散步吧！

　　景福宫周围的景观也别有一番风情，这一带街景透过各个皇宫连接到现代的高楼大厦，而通往三清洞的道路刚好介于古代与现代之间，正要将我们送往未来的每一天。

dar : l
handmade
clothes & accessories

open Am 11:30
close Pm 10:00
T. 02)720-4534

三清洞

　　前往三清洞沿途是购物与艺廊街道，路边两旁栽有高大的银杏树，树上满满的银杏叶看起来历经不少风霜。高大的银杏树干使得飘着小雨的天气更加迷人，这条街道会随着季节变换成红色与黄色，来到这里，不知不觉就会将都市里忙碌紧凑的生活节奏抛在外头。

　　我很喜欢三清洞的街景，路旁满是老旧的砖房，道路仿佛山路般曲折又带着层次，依旧保留着原始的风貌，即使加入现代化的咖啡馆和各种商店，却毫无违和之感，把新旧文化结合得恰到好处。

咖啡厅与餐厅

books + me + coffee
书 + 我 + 咖啡

在这条街道上随时都可以坐下喝杯咖啡,从街道起点到终点,到处都有复合式餐厅,尤其意大利餐厅和养生有机美食馆特别多。如果愿意多走点路、多爬几段楼梯,还能看到各式咖啡馆,无论是摩登的新式建筑或是用旧建筑重新装潢的,也有利用老屋改建的,或者是重视主题的咖啡馆也很有趣,像 Book Café 就是结合咖啡馆与图书馆,有满柜的书籍任你挑选,也可以自己带书去店内享受专心读书的乐趣喔!

我注意到首尔有好多店家或地方的墙壁上流行写一些文字，像是 62-16 by Teastory 就有可以让客人任意涂鸦的墙壁，最常出现的就是示爱或许愿的内容。

除了可以在首尔塔套上情侣锁之外，现在很多街道、建筑物的墙壁都会尽情利用这项卖点，任人在上头尽情挥洒，另外还有把写好字的瓷砖贴满墙壁的新玩法！

Toykino Gallery 电影主题艺廊

这一带除了有很多咖啡馆和餐厅之外，还穿插一些艺廊，有些是展示当代艺术、绘画作品、印刷作品或专门主题的特别艺廊，例如 Toykino Gallery 便是如此。

Toykino 来自两个字的组合，一个是 Toy 玩具，与 Kino 电影，合在一起就成了收集各种玩具与电影纪念品的艺廊，也包括电视剧的纪念产品。门票 3000 韩元，可以看到许多电影的玩具产品，如"星际大战"系列、外星人 E.T.、辛普森家族等等，或近期一点的"玩具总动员"（Toy Story）也有，进去走一趟，拍些照片，如果是喜爱电影的玩家一定会看得不亦乐乎。

三清洞怎么去?

- 地铁三号线(Subway Line 3)橘线,第327号景福宫站(Gyeongbokgung Palace Station)第五号出口出来再走大约十五分钟,这个出口适合想要先去景福宫的人。
- 地铁三号线(Subway Line 3)橘线,第328号安国站(Anguk Station)第一号出口,往正读图书馆(Jeongdok Public Library)。

MAP

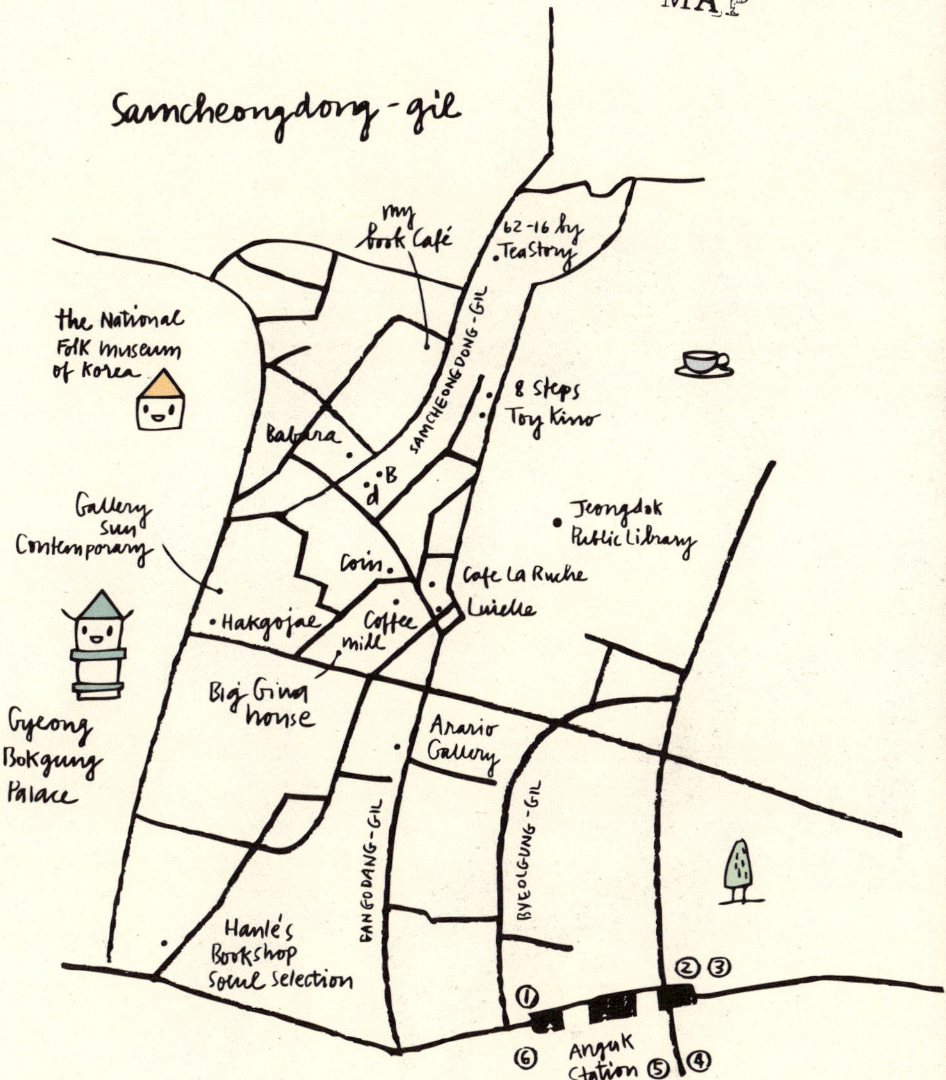
Samcheongdong-gil
my book Café
62-16 by TeaStory
The National Folk Museum of Korea
SAMCHEONGDONG-GIL
8 Steps
Toy Kino
Babara
B
d
Jeongdok Public Library
Gallery Sun Contemporary
Coin
Cafe La Ruche
Luielle
Hakgojae
Coffee mill
Big Gina house
Gyeong Bokgung Palace
Arario Gallery
GAMGODANG-GIL
BYEOLGUNG-GIL
Hanlé's Bookshop Seoul Selection
① ② ③ ④ ⑤ ⑥
Anguk Station

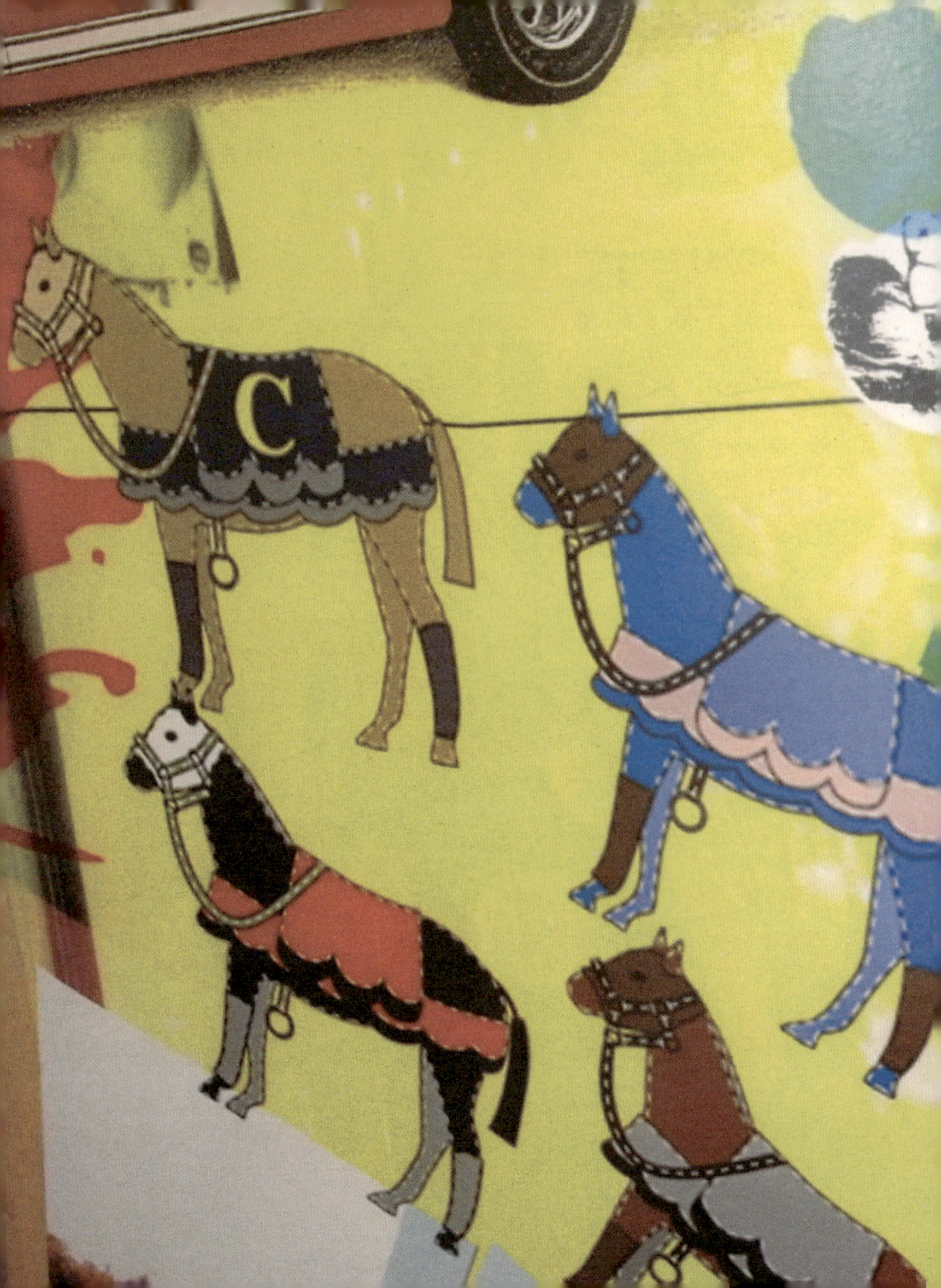
C

GAROSU GIL
当欧洲与美洲在首尔相遇

新沙洞

刚从新沙站走出来，问了路边一位阿姨："请问哪个出口离新沙洞最近？"阿姨先是想了一下，好像突然知道什么似的，喊了一声：."喔……"然后对着我微笑道："是不是要去 Garosugil？"接着为我们指路。

新沙洞是正式官方的名称，而 Garosugil 是人们口头的称呼，但无论是用什么名称，都是指同一个目标。从第八号出口一路走过来，更让我相信跟着人群走铁定不会迷路，走到路口时果然有一家咖啡店正等着迎接我，加上耸立的银杏树，正是 Garosugil 这一带的特色，意思就是"行道树街"。

Garosugil 连接着江南与狎鸥亭，其独特风貌也不输给其他地方，这里以最具欧洲风情的特点闻名，但我反而觉得这里带点美洲的味道，可以从汇聚了各个美籍精品名牌店看出来。

除了许多国际名牌精品选择在这一带设立全首尔唯一的店面，Garosugil 的魅力还不止于此，开了许多酷炫的咖啡馆，几乎每一家都高朋满座，还有迎合年轻人与观光客的复合式韩国餐厅，以及收集许多来自世界各地物品的精品店，使得这一带充满了异国风味混合着当地泡菜的味道，成为一种全新的独特风味。

Coffeesmith 人气咖啡馆

这里是 Garosugil 的地标,几乎每个韩国人都知道这间咖啡馆,醒目的店面就位于街头入口担任迎宾角色,占有地利之便,店内一直都是人气满满。店内利用挑高的天花板营造一种像置身在大厅里的气氛,微暗的光线唤醒专注力,加上浓郁的咖啡味与蛋糕柜里的提拉米苏,让人忍不住迷恋。你可以选择坐在安静的二楼,或坐在楼下阳台看着来来往往的年轻男女,会激起不少的灵感喔!

Bookbinders Design 瑞典文具品牌

文具用品是我在韩国最喜欢采买的东西之一,这里有一些品牌文具,设计漂亮、酷炫、可爱,一点都不输给国外的品牌,而且很容易买到,因为一般书店和礼品店都会出现它们的身影,反而是进口的文具品牌在这里较少看到,比在日本设柜的还少,但再怎么难找,还是被我找到了。

Bookbinders Design 是来自瑞典的文具专卖店,漂洋过海跑来首尔开设分店,依旧保持着瑞典的原汁风味,提供多样经典品牌的文具,尤其是喜欢 Lyra 这个牌子的人有福了,因为店家特别规划一区专门陈设漂亮的铅笔、颜料与橡皮擦等等。

这家店依旧维持着保留感动与回忆的品牌精神,所以贩售的各式文具着重在可以继续发挥创意的用途,像是相簿区、日记本区与剪贴簿区等等。Bookbinders Design 的一些分店甚至还提供旧式的装订服务,在这种电子化的时代已经不容易看到了。

还有一家值得一去的文具礼品店 Keeper's Workshop，主要贩售漂亮的礼物包装纸，以及一些制作剪贴簿的材料，还有提供别致的纸盒喔！也提供名片印制服务与各种卡片。我喜欢店里一处摆放单桌的角落，有一种对自己所设计的产品付出关怀的感觉。

Thimbloom 手作家饰精品

这个奇怪的店名来自两个单字，一个是 Thimble，指的是裁缝使用的指套，以及 Loom，意思是纺织机，合在一起就变成限量提供手工制的布作产品与居家饰品的精品店。

大部分的商品是从日本进口，包括幼儿衣服、陶瓷器具、服装与饰品，静静地放在各个角落，店家所采购的商品也都迎合该店的风格：没有花哨的样式，着重端庄气质与耐用性。静静地在店内浏览挑选，一边听着轻柔的 Basa Nova 音乐，即使一个人也可以乐在其中。

Garosugil 这一带有很多服饰店，不输给首尔的任何一区，无论是鞋店、饰品店、流行服饰店等等，随着季节转换提供最新款式，有时候甚至让人觉得他们换季的速度比其他地区还要领先一季。大部分店家都有自己的网上商城，而这些店面比较像一个展示用的实体店面，为那些想买又不敢在网上买，希望先来店里看看实际商品的人而开的，店里部分衣服都仅此一件，如果想要更大或更小的尺寸，必须先下订单再过来取货。店里也有电脑可以上他们的购物网站，通过商品图片来挑选，看模特儿穿起商品是如此美丽，也激起不少的购物欲望。经由模特儿试穿先评估款式，然后再去看实际布料，也是种稍微理性一些的消费方式。

备注：
　　之所以说是"一些"，是因为女孩们不管有看到或没看到实际的东西，一旦想买，那种意念的力量之强大，任谁都阻止不了，这种事女孩们最了解了。

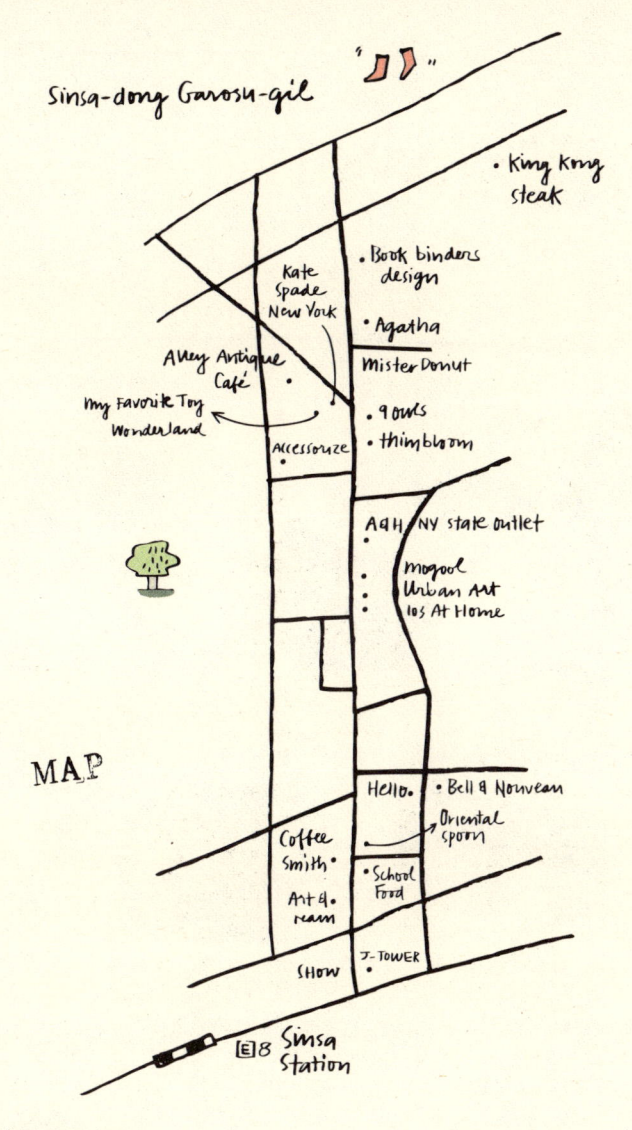

Sinsa-dong Garosu-gil

MAP

- King Kong steak
- Book binders design
- Kate Spade New York
- Agatha
- Alley Antique Café
- Mister Donut
- My Favorite Toy Wonderland
- 9 ours
- thimbbloom
- Accessorize
- A&H NY state outlet
- mogool
- Urban Art
- 105 At Home
- Hello
- Bell & Nouveau
- Oriental spoon
- Coffee Smith
- School Food
- Art & ream
- SHOW
- J-TOWER
- E8 Sinsa Station

新沙洞怎么去？

● 地铁三号线 (Subway Line 3) 橘线，第337号新沙站 (Sinsa Station) 第八号出口。

KOREA
4天3夜，首尔这样玩

Day 1
景福宫—三清洞—仁寺洞—明洞

this way!

仁寺洞 Insa-dong

来到首尔市中心的寺庙区，除了景福宫，在同一围墙内还有国立民俗博物馆（National Folk Museum），你可以从三清洞走到仁寺洞，如果走累了，就到 mmmg café 先歇脚，再继续杀进仁寺洞也是不错的选择。

Day 2
坡州—清溪川—东大门

清溪川 cheonggyecheon

　　这天一早就先搭车离开市区前往坡州出版城，傍晚回到市区，去看清溪川的水灯造景，然后再到东大门的三栋购物大楼血拼，想逛到多晚就逛多晚吧！

Day 3
江南—狎鸥亭—Garosugil

Thumbs up! 赞啦!

Platoon Kunsthalle

　　如果还有时间，可以到以三个货柜接在一起的超炫 Platoon Kunsthalle，里头不仅展示许多艺术作品，同时还贩售流行服饰，也有酒吧可以坐下来喝一杯，随着 DJ 的音乐，令人感到无比的放松。

　　Platoon Kunsthalle 就在鹤洞站（Hak-dong）（第 73 号站）第 10 号出口。

Day 4

首尔塔—弘益—信川—梨花

首尔塔 Seoul Tower

ENJOY!　享受吧！

　　无论想在白天上 N 首尔塔远眺景致，或是晚上逛完街再去看夜景都可以，两种景色都很美。打算早上去的人，建议先去南山公园散个步，呼吸新鲜空气之后再去搭乘缆车。

　　打算去爱宝世界的人，也许要规划一整天的时间喔！因为要加上搭车来回的交通时间。

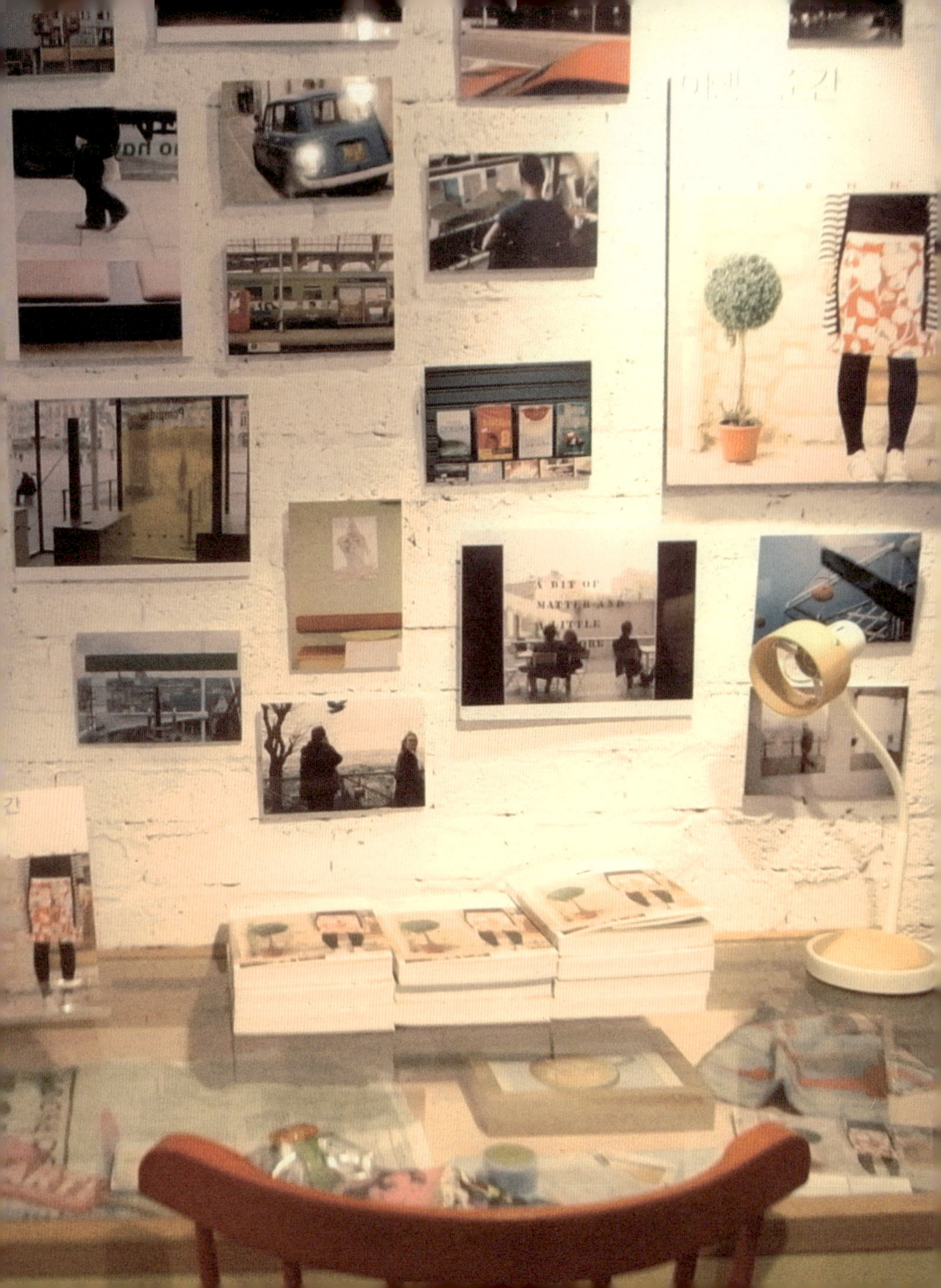
A BIT OF
MATTER AND
LITTLE

VOYAGE
AGRÉABLE
COMME AVANT,
SUR UN NUAG-

首尔旅游交通资讯看这里

韩国观光公社→交通查询（中文）

http://www.tour2korea.com/

韩国旅游官方网站，有韩国各地详细海、陆、空交通咨询，在查询页面上输入出发地点并勾选想乘坐的交通工具，就可以找到最适合的交通建议。此外还有住宿、景点、美食、购物指南，以及自助旅行所需的签证、通关、外币兑换等说明。

i Tour Seoul 首尔市官方旅游资讯网址→首尔地图（中文）

http://maps.visitseoul.net

只要在地图上输入出发地和目的地便可以搜寻到搭乘路线。不仅可以预估移动所需时间及交通费用，还有公车和地铁的换乘资讯。另外，网站还提供首尔各类文艺活动订票及文化观光解说员的预约服务。

地铁1—4号线资讯：首尔地铁（中文）

http://www.seoulmetro.co.kr/eng/

地铁5—8号线资讯：首尔地铁公社（英文）

http://www.smrt.co.kr/main/index/index002.jsp

地铁9号线资讯（英文）

http://www.metro9.co.kr/eng/index.jsp

←500m	북촌생활사박물관 Bukchon Museum
←600m	부엉이박물관 Owl Art and Craft Museum
←200m	세계장신구박물관 World Jewellery Museum
←500m	토이키노박물관 TOYKINO Museum
←550m	북촌동양문화박물관 Asian Art Museum

박물관길

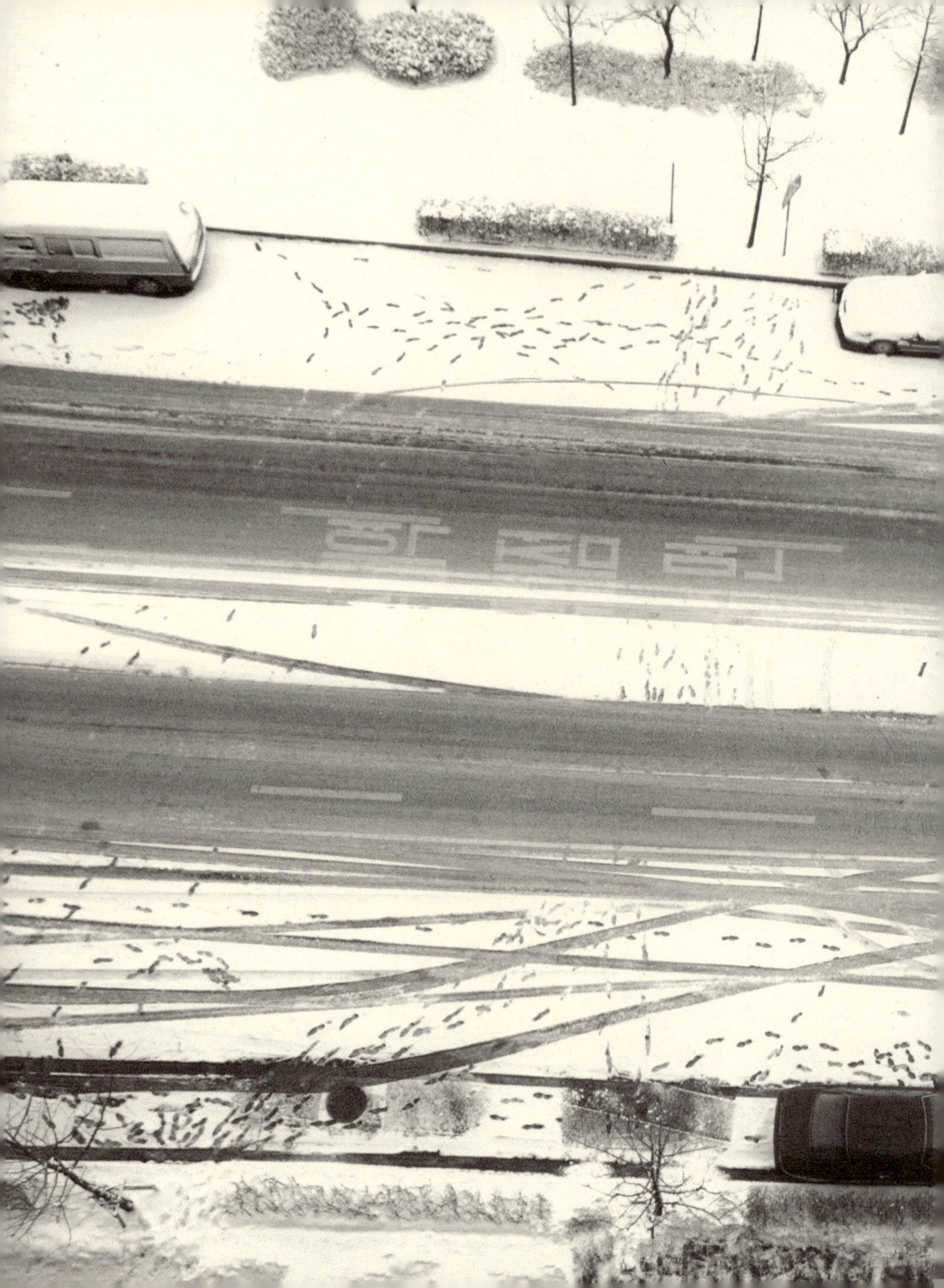

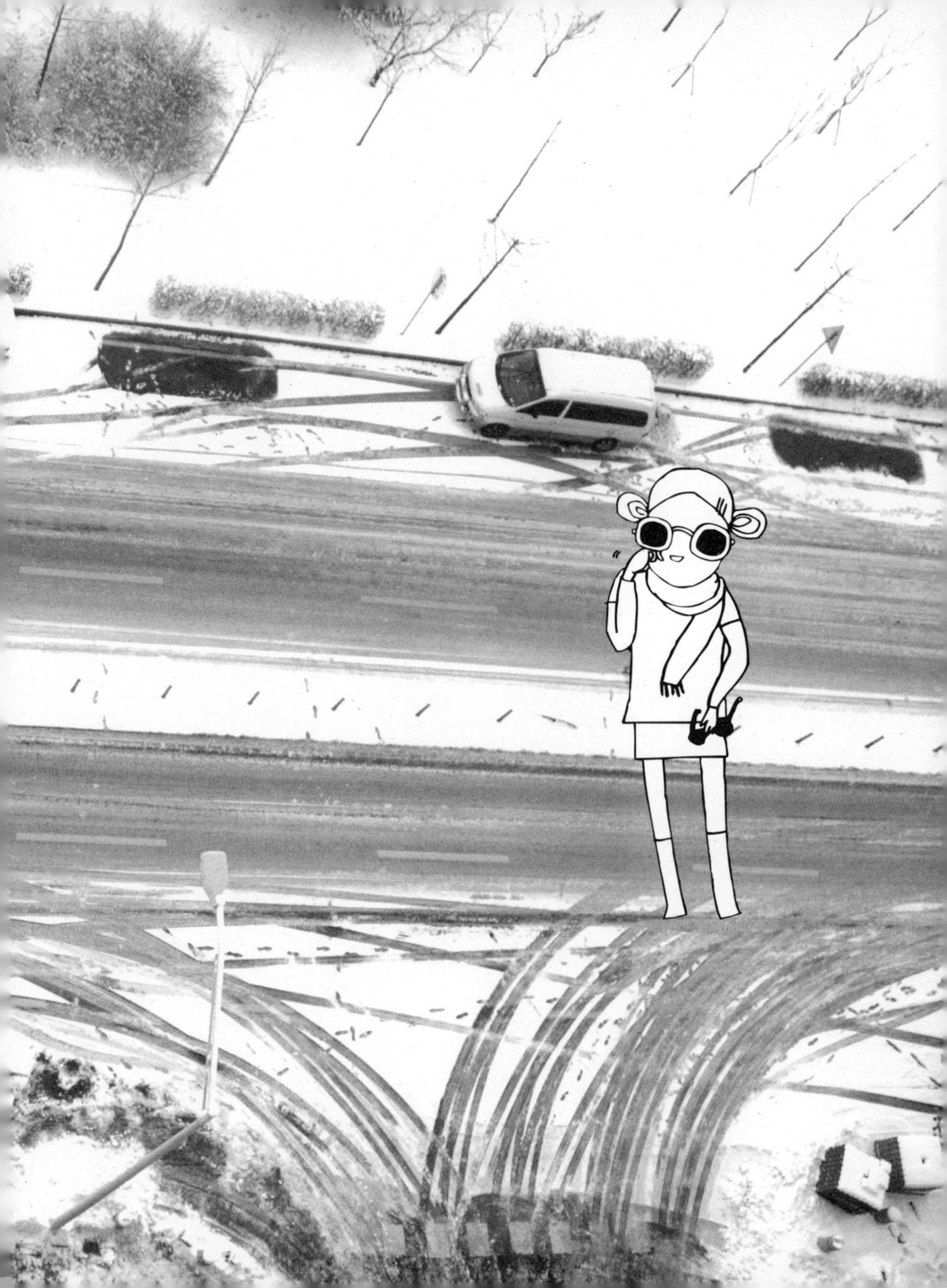

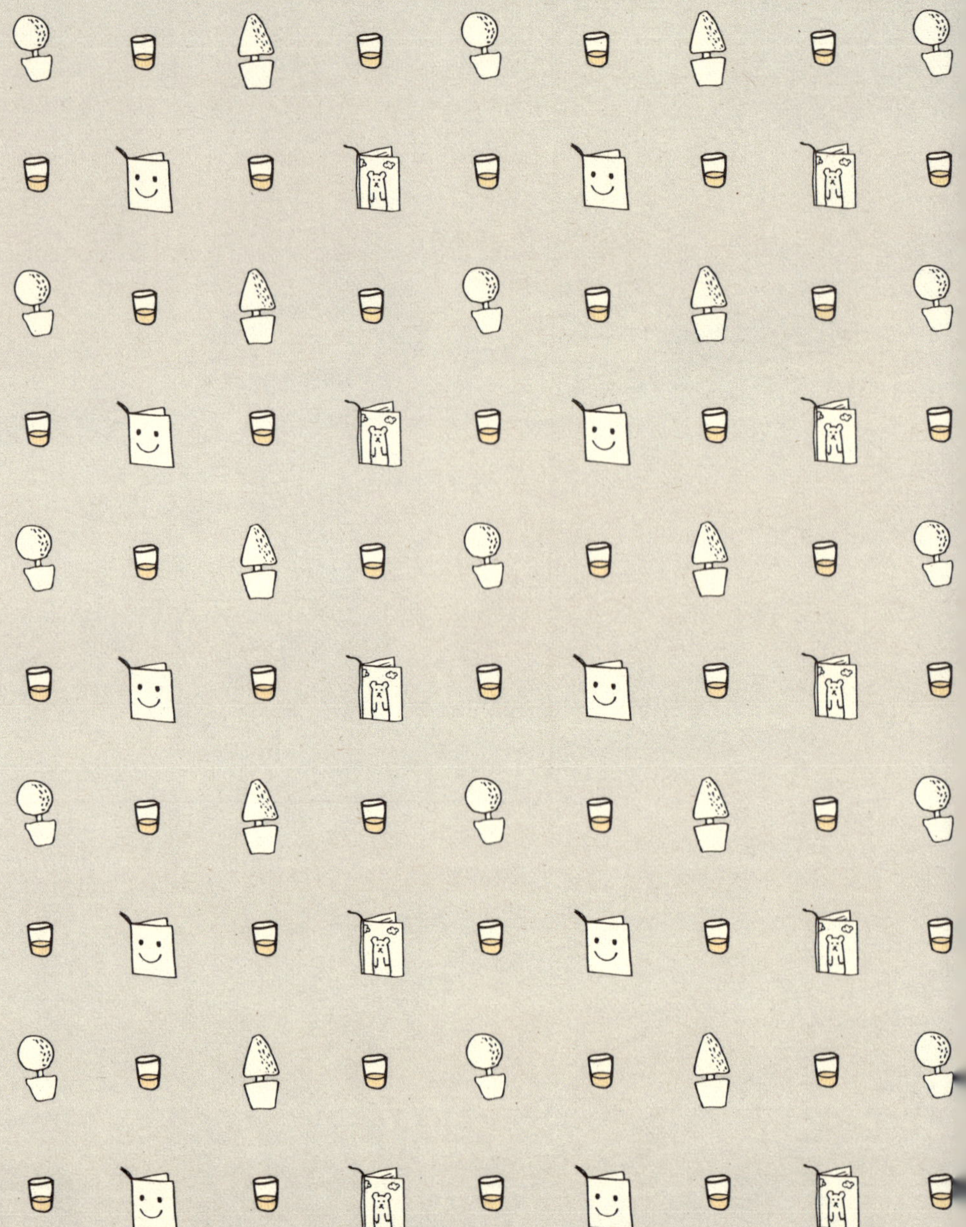